"十三五"国家重点出版物出版规划项目

上海出版资金项目
Shanghai Publishing Funds

中国古代
文明探源
•插图本•

The
ORIGIN
of
CHINESE
CIVILIZATION

原始创新

李学勤•主编　丁季华等•编著

上海科学技术文献出版社
Shanghai Scientific and Technological Literature Press

图书在版编目（CIP）数据

原始创新 / 李学勤主编；丁季华等编著． —上海：上海科学技术文献出版社，2018
（中国古代文明探源：插图本）
ISBN 978-7-5439-7742-6

Ⅰ．①原… Ⅱ．①李…②丁… Ⅲ．①文化史—中国—原始社会 Ⅳ．①K210.3

中国版本图书馆 CIP 数据核字 (2018) 第 185638 号

“十三五”国家重点出版物出版规划项目
上海市新闻出版专项资金资助项目

选题策划：张　树
责任编辑：李　莺
封面设计：樱　桃

原 始 创 新
YUANSHI CHUANGXIN
李学勤　主编　丁季华等　编著
出版发行：上海科学技术文献出版社
地　　址：上海市长乐路 746 号
邮政编码：200040
经　　销：全国新华书店
印　　刷：常熟市人民印刷有限公司
开　　本：787×1092　1/32
印　　张：7.75
字　　数：124 000
版　　次：2019 年 1 月第 1 版　2019 年 1 月第 1 次印刷
书　　号：ISBN 978-7-5439-7742-6
定　　价：35.00 元
http://www.sstlp.com

目　录

序

《中国古代文明探源（插图本）》丛书（下面简称《探源》）是《中国古代文明起源》（下面简称《起源》）的修订本。

原版《起源》隶属于李学勤先生主编的《中国古代历史与文明》丛书，于2007年由上海科学技术文献出版社出版。《起源》旨在讨论中国文明起源的历史和逻辑，即从时间绵延和空间伸展两个向度，讨论中国在进入文明时代之前的文化生成机制及其原始状态。考虑到该书的可读性，在体例和写作方法上做了新的尝试，即全书由专题和主题板块连接而成。新版《探源》对此未作变动，仅增添多幅插图，并分四册装帧。

原版《起源》写作始于2002年，约在2005年完稿。彼时恰好“中华文明探源工程”正在进行中。所以《起源》仅在20世纪后半期的学术成果基础上创作而成。这次修订时，考虑到原作结构的完整性，在文字上也未作增删。有关中国文明起源研究以及探源工程的成果，在本序中略作介绍，以补修订本的不足。

中国传统文化和中华文明源远流长，素有中华文明史"上下五千年"之说。中国文明源头何在？文明如何起源和形成？一个世纪以来，史学界和考古学界有关研究者一直在"探源"路上摸索。如从时间节点和标志来衡量，中国文明起源研究可分为以下三个阶段：

1. 20 世纪 20 年代至 1982 年研究阶段

重建中国古史体系，其中包括中国文明"探源"，其始点应定在"五四"新文化运动的大背景之中。高江涛先生认为，"20 世纪 20 年代在新文化运动的洗礼下以顾颉刚为代表的'古史辨派'摧毁了大一统的'三皇五帝古史体系'，在科学与民主思想的影响下提出了以科学态度研究中国文明起源问题。科学态度要求重视地下发掘材料，考古学的作用凸显出来，于是就有了 1928 年安阳殷墟的发掘，就有了 1930 年郭沫若《中国古代社会研究》唯物史观的尝试。"① 这些并非是对中国文明起源的直接研究，但是提出了

① 高江涛：《新世纪以来中国文明起源与形成研究的回顾和反思》，《中原文化研究》，2013 年第 1 期。

文明起源问题①，而这个问题的研究，必须仰仗考古资料。

1921年仰韶遗址被发现，尤其1926至1928年李济博士主持西阴村、殷墟的遗址发掘，标志着中国现代考古学在20世纪20年代诞生。现代考古学的诞生，推动了中国文明起源的研究。20世纪20年代曾流传着“中国文化西来说”，随着仰韶文化遗址和龙山文化遗址陆续发掘，此说渐次退隐。从30年代起，有关中国文明起源研究渐次展开。中国文明源头有一元说、二元说和三元说等。对此颇有影响的，有傅斯年的“夷夏东西说”，徐旭生的“三集团说”等。而郭沫若的《中国古代社会研究》，以崭新的理论研究中国古代文明和国家，对学术界研究中国文明起源起了引领作用。

20世纪50—70年代，我国新石器时代考古发掘，遍布黄河、长江流域、长城内外和边陲地区，数以千计的遗址被发现，其中中原地区最为密集。因此，不少学者认为中原地区是中国文明起源的中心，由此向四周拓展。

2. 1983—2000年研究阶段

这个研究阶段，是以夏鼐先生于1983年在日本所做

---

① 高江涛:《新世纪以来中国文明起源与形成研究的回顾和反思》,《中原文化研究》, 2013年第1期。

的《中国文明的起源》报告为起点，也是中国文明起源研究的全面展开阶段。

夏先生的这个报告，后来收录在《中国文明的起源》专著中，1985年出版。该报告首次对"文明"概念作了界定，阐明了它的科学含义，并指明对这个问题研究的路径。他说：

"现今史学界一般把'文明'一词用来指一个社会已由氏族制度解体而进入有了国家的阶级社会的阶段。"他认为"城市""文字"和"冶炼金属"是文明时代的标志，而"文明的这些标志中以文字最为重要"①。他又指出：

"我以为中国文明的起源问题，像别的古老文明的起源问题一样，也应该由考古学研究来解决。因为这一历史阶段正在文字萌芽和初创的时代。纵使有文字记载，也不一定能保存下来，所以这只好主要地依靠考古学的实物资料来佐证"②。

夏鼐先生是我国著名的考古学家，他研究中国文明起源的成果和论断，是中国文明探源征途中的一个里程碑，对以后的研究起着引领作用。在探源研究方面，著名的史

①② 夏鼐：《中国文明的起源》，文物出版社，1985年，第81—82页。

学家、古文字专家李学勤先生在《中国古代文明起源》一书中，也有精辟的阐述。他说：

“近十几年来在中国，文明的起源也是学术界非常重视的题目，史学界和考古学界应用马克思主义历史观，进行了认真研究，发表了许多论作。这些新作的思想观点，与《中国古代社会研究》（郭沫若著）等早期作品相比，有着颇为显著的发展。”如何深入研究？他从加深理论探讨、强调考古学重要性、重视传说价值和文明起源多元性等四方面提出意见①。他认为：按马克思理论，阶级和国家是文明产生的标志。但是，要确定某个考古遗存是否是文明社会，还需要有若干要素来衡量，他提出的要素是：金属的使用、文字的产生、城市的出现、礼制的形成、贫富的分化和人牲人殉等方面，并对中国文明作了阐明②。

如何结合考古学研究历史？考古学如何与中国文明起源研究相结合？这不仅需要引入国外流行的理论工具，更重要的是考古学框架、理念应与时俱进、优化和提升。对此，著名的考古学家苏秉琦先生给出了系列答案。

苏先生毕生从事我国考古工作，成绩卓越。令人敬仰

---

①② 宫长为：《李学勤说先秦》，上海科学技术文献出版社，2011年，第12—24页。

的是，其在晚年仍尽心投入中国文明探源工作，奔波于各个考古发掘现场，出席各类学术研讨会，提出在学术界振聋发聩的系列观点和论断，如“满天星斗说”“多元一体说”“考古文化区系类型说”等。他的详细论述，汇集在《中国文明起源新探》等著作中。

在这个研究阶段中，可喜的是形成了研究中国文明起源的学术团队。他们分布在新石器考古发掘第一线、研究机构和高等学校。他们的研究成果，既有文明起源理论上的创新，又有考古学新成就在文明探源上的运用，在国内外学术界产生一定的影响。

3．2001—2015 年研究阶段

这个阶段的起点，是国家级“中华文明探源工程”启动，共有预研究阶段，探源工程一、二、三诸阶段。

预研究：2001—2003 年。以距今约 4500—3600 年时空范围，设置“古史传说和有关夏商时期的文献研究”“考古学文化谱系的研究年代测定”“聚落形态所反映的社会结构”等九个课题，由数十位学者专家参加，在完成课题研究的基础上，提出了由多学科结合的文明探源工程的实施方案[①]。

---

① 王巍、赵辉：《中华文明探源工程的主要收获》，《光明日报》，2010年12月23日，第012版《理论周刊》。

探源工程（一）：2004—2005年。该阶段通过多学科团队合作，进行多角度、多层次、全方位研究中原地区文明起源和形成。具体成果是：1. 在中原地区考古文化谱系的梳理和分期的基础上，对陶寺、王城岗、新砦、二里头等中心性遗址标本进行了精确的测定；2. 研究该地区在距今约4500—4100年间的气候变化。结果表明这些地区气候温暖湿润，适宜农耕；3. 运用自然科学相关学科和考古学相结合的方法，对上述四处遗存研究表明，该地区原始先民在农业、手工业和家畜饲养等方面都呈现着变化和进步，并掌握铸造青铜器技术；4. 对陶寺、新砦、二里头等遗址作聚落考古，对其反映的社会组织结构和王权有了新的认识[①]。

探源工程（二）：2006—2008年。探源工程的技术路线同第一个阶段，即多学科结合，多角度多层次全方位展开。不同的是，探源的时空有所扩大，时间上向前延伸到公元前3500年，空间上扩大到黄河流域、长江中下游及辽西河流域。阶段性认识是：1. 以公元前2000年为界，之前辽西、海岱、长江中下游等地区的文化独自发展，与

① 王巍、赵辉：《中华文明探源工程的主要收获》，《光明日报》，2010年12月23日，第012版《理论周刊》。

中原文化呈现相互影响、百花齐放的局面，之后发生重大变化，形成中原地区华夏文化独秀的格局。2. 长江中下游因气候波动造成干旱或水患，导致公元前2000年前后长江中下游原始文化衰退。辽西地区也因气候干凉化，导致公元前2000年前后辽西原始文化衰退。而中原地区因地形多样，台地高平，抗灾能力较强，为原始农业继续发展创造条件。3. 走向文明时代有不同途径。公元前2000年前后，以中原地区陶寺古城、长江中下游良渚古城及长江中游石家河古城为代表，其社会分层明显，贵族特殊阶层形成，暴力和战争屡现，这说明这些地区已经进入早期文明社会①。

探源工程（三）：2011—2015年。自2011年5月起，由国家文物局组织实施“中华文明探源工程”第三阶段研究任务：中华文明探源及其相关文物保护技术研究；中华文明起源与早期发展综合研究②。

从20世纪90年代起，特别是“中华文明探源工程”启动以来，中国文明起源研究呈现出如下特点：

---

① 王巍、赵辉：《中华文明探源工程的主要收获》，《光明日报》，2010年12月23日，第012版《理论周刊》。

② 《百度百科》：《中华文明探源工程》。

1．“从单一要素研究追溯到文明起源的过程、动力、背景及模式等研究”①。综观20世纪90年代以前对文明起源研究，主要集中在一元或多元、标志、要素等方面探讨，之后的20多年，转向对文明起源的纵深方向研究，如对文明起源和形成两个阶段的社会组织和结构的考察。

2．以考古学文化为基础，结合传世文献资料，并运用现代科技手段，“呈现多学科、多角度、多层次、全方位”的研究②。以往研究历史，多半运用定性分析，其缺陷在于静态观察问题。随着科学技术的发展，新的研究理论和工具的运用，特别引入定量分析方法，使文明起源研究揭开新的一页。

3．文明起源和形成的新理念引入和运用。“新世纪以来，最热的就是对‘酋邦’和‘早期国家’的讨论”③。酋邦是由一个最高首领（酋长）控制之下的地域集团，在该集团内形成地位不同、利益不等的贵族阶层与普通民众。“酋邦”时期是国家诞生前的社会历史阶段。也有学者认为，“酋邦”时期已进入早期国家阶段。一般认为，中国

①②③ 高江涛：《新世纪以来中国文明起源与形成研究的回顾和反思》，《中原文化研究》，2013年第1期。

在新石器时代晚期进入酋邦社会。

4．自新世纪以来，一些田野考古获得新进展，为中华文明探源工程提供新资料。最近发掘的陕西神木石峁城址就是典型的案例。“石峁规模宏大、结构复杂的城址及大型建筑，精美的玉器及其出土背景等方面……很可能是在龙山时代晚期至二里头初期崛起于陕北高原上的一个早期国家的都邑性聚落”①。

（丁季华　2017 年 4 月 15 日）

① 戴向明：《陶寺、石峁与二里头》，载于中国社会科学院考古研究所编《夏商都邑与文化（二）》，中国社会科学出版社，2014 年，第 52 页。

导 言

世界上每个民族都有一段“童年”时代。考古学和民族学有关成果表明，原始先民在这段漫长而艰辛的岁月里，既要完成自身从猿人到现代人的演变，又要从动物本能活动向文化活动转化。从某种意义上讲，人类起源的过程，也是文化生成机制及其状态初现的过程。

本套丛书旨在讨论中国文明起源的历史和逻辑，也即从时间绵延和空间伸展两个向度，讨论中国在进入文明时代之前的文化生成机制及其原始状态。

文化性是人从动物界脱身而出的标志之一，人是劳动产物，文化是劳动结晶。然而，人们长期以来对自身这种劳动创造，一直没有说清楚、道明白，对于文化概念、文化功能更是众说纷纭、莫衷一是。为了与当前文化学相衔接，引言部分扼要地介绍了有关文化功能的学术信息。

为了考虑到可读性和学术性统一，本套丛书在体例上和写作方法上做了新的尝试，即全书由专题和主题板块连接而成。各个专题既相对独立，又有内在联系，前后呼应。

现将 4 个分册略作说明：

在《洪荒岁月》一书中，通过人自身形成和文化微光初现的阐述，勾画了人猿相揖别时的情景，便于读者了解就人类起源问题的讨论。

在《文化起源》一书中，重点阐析中国文化起源的历史和逻辑，在提出中国文化起源于八大区域的论断的同时，吸纳了史学界前辈创立的中国古史传说时代的“三大集团”说。

在《氏族寻踪》一书中，以“新石器革命”为始点，对史前文化中的物质、精神、社会心理和民族潜意识诸层面作了阐析，使读者能够从多个不同的角度解读中华民族文化。

人的创新活动是人特有的历史现象。创新机制早在文化起源中已经萌发成长。事实上，读者在《氏族寻踪》一书中已经看到这种活动的存在了。在《原始创新》一书中，再从原始科技、汉字、艺术、音乐等方面，对“原始创新”作进一步的阐析。

简单说来，文明起源的始点是原始文化曙光初现，终点是国家的诞生。在《原始创新》一书的“国家门槛”中，着重阐述传说中“大同之世”终结时的几个场景。

本套丛书还集结了史前时代较有特点的多个考古学文化的介绍和研究性论文，以期达到宏观与微观结合、历史纵观与个案研究结合，为读者呈现更完整的中国文明起源的壮丽图景。

本套丛书由集体创作，执笔者为：丁季华、龚若栋、章义和、黄爱梅、彭华、于凯、唐燮军、王妍、汪奎、武锋、罗先文、王胤卿。每个专题末尾署名者，为该专题初稿撰写人。丁季华负责全书构架和统稿，龚若栋、章义和、黄爱梅参加审定工作。本套丛书援引和参考史学界同仁的诸多成果，深表感谢；不足和疏漏之处，祈请读者指正。

（丁季华）

引言：文化·文明诠释

“文化”（culture），是众说纷纭的术语之一，至今仍然莫衷一是。根据克拉克洪和克鲁伯统计，在20世纪20年代以前，关于“文化”仅有6种不同的定义；而到1952年时，其定义竟已高达160余种之多（《文化概念：一个重要概念的回顾》）。“文化”之复杂和争议，由此可见一斑。与“文化”一词相关联的“文明”（civilization），其情形亦复如是，两者有着太多的相似之处；并且在许多论著中，两者往往又可互相通用或混用。

1871年，英国人类学家泰勒推出了《原始文化》一书，他在书中给“文化”和“文明”下了一个非常“经典”的定义：“文化或文明，就其广泛的民族学意义来说，乃是包括知识、信仰、艺术、道德、法律、习俗和任何人作为一名社会成员而获得的能力和习惯在内的复杂整体。”① 审视泰勒的定义，可以看出，他将文化一分为二，一部分是人类业已取得的成就（如艺术）；一部分是人类赖以生存的价值观念、社会准则。换言之，文化是指人类在社会上所学的一切事物与观念。哈维兰认为可以接受的文化定义，恰好就着眼于泰勒所言的第二层面，“文化是一系列规范或准则，当社会成员按照它们行动时，所产生的行为应限于社会成员认为合适和可接受的变动范围之内”②。

在古代汉语文献中，曾经出现过“文化”“文明”两词，但与译自西文的“文化”“文明”相比，两者含义大不相同。

先说“文化”。《说苑·指武》：“圣人之治天下也，先文德而后武力。凡武之兴，为不服也；文化不改，然后加诛。”晋束皙《补亡诗》：“文化内辑，武功外悠。”南齐王融《曲水诗序》：“设神理以景俗，敷文化以柔远。”这几处的“文”，与“武”对应。所谓“文化”，指的是为

---

① ［英］泰勒：《文化之定义》，《多维视野中的文化理论》，第99—100页，庄锡昌等编，上海人民出版社，1987年。

② ［美］哈维兰著，王铭铭等译：《当代人类学》，第242页，上海人民出版社，1987年。W. Haviland：Anthropology，7th ed，New York，Holt，Rinehart and Winston，1994，p. 304.

“文”（文治教育、礼乐典章）所“化”，实即“文明教化”。次说“文明”。《周易·乾·文言》：“见龙在田，天下文明。”孔颖达疏：“‘天下文明’者，阳气在田，始生万物，故天下有文章而光明也。”《周易·贲·彖传》：“文明以止，人文也。观乎天文，以察时变；观乎人文，以化成天下。”王弼注：“止物不以威武而以文明，人之文也。”《周易·明夷·彖传》：“内文明而外柔顺。”孔颖达疏：“内怀文明之德，抚教六州，外执柔顺之能。”李渔《闲情偶寄》：“辟草昧而致文明。”所谓“文明”，最初指的是自然现象的光明、文采，后来引申为人文世界的文德、文教，最后才借指为“文”（文德、文教）所“化”之后呈现的状态。

“中国古代文明探源”，顾名思义，所讨论的对象主要是中国原始文化的生成机制和状态。在讨论中，“文明”和“文化”两者是通用的。为了便于读者从理论上了解中国原始文化的生成机制和状态，本书先对“文化”和“文明”的内涵和外延、特征与功能等略作阐释：

○“人”的文化

文化和文明，首先应该是“人”的文化和文明。从语源学的角度审查，西语中所使用的“culture”一词，来自古拉丁语“cultura”，其本义为“开垦”“培植”，指人开垦土地、培育作物；之后，开垦和培育的对象转变为人，指对人的开化和教育，日渐具有“人文”色彩；后来，再由此引申出“文化”“文明”，指开化、教化的行为或过程以及达到的状态。换言之，所谓“文化”或“文明”，其初期的含义本来指的就是人为“文化”和“文明”所“化”，以及此“化”所达到的程度。动物虽然也会模仿（如鹦鹉学舌），也可驯化（如狗钻火圈），但其模仿和驯化不是“文化”。人，只有人，才是文化的创造者和承受者。就此而言，文化和文明是人类“进化”的结果①；在此意义上，文化是人类区别于动物的标志②。因此马林诺夫斯基认为，“文化的出现，将动物的人变为创造的人、组织的人、思想的人、说话的人以及计划的人”③。

如果套用生物学的术语，可以说，人与文化的关系，不是通过“先天（遗传）获得”的（acquired），而是通过

① 此处所用的“进化”一词与达尔文所论有别，特指“文化的进化”。

② 彭华：《陈寅恪的文化史观》，《史学理论研究》，1999年第4期；彭华：《陈寅恪“种族与文化”观辨微》，《历史研究》，2000年第1期。

③ ［英］马林诺夫斯基：《在文化诞生和成长中的自由》，《多维视野中的文化理论》，第107页。

“后天（学习）习得”的（learned）。在《人的研究》一书中，人类学家林顿区分了“获致地位”（achieved status）与“归属地位”（ascribed status），于此不无参考意义和借鉴价值。

○ 功能的文化

所谓“功能”，即能满足某种“需要”。强调文化的功能性，是人类学功能学派的主旨。该学派由法国社会学家E. 迪尔凯姆创立，后由马林诺夫斯基、拉德克利夫-布朗引入人类学。他们视文化为一完整的总体，是由各自相互联系的部分所组成的体系，其中每个部分都有自己的特殊的作用，都是为了完成自己的“功能”。如马林诺夫斯基认为，“文化在其最初时以及伴随其在整个进化过程中所起的根本作用，首先在于满足人类最基本的需要”①。

该学派借以建构其理论的学说是“需要理论”，借以比附的学科是生物学。仔细分析该学派的学说，就可发现，他们其实视人为动物、视文化为某种生物现象；为了满足“需要”，人必须创造一个崭新的、第二性的、派生的环境，于是便有了文化；“需要”是多元的、系统的，

---

① ［英］马林诺夫斯基：《在文化诞生和成长中的自由》，《多维视野中的文化理论》，第106页。

因而文化也是多元的、系统的，一如人体各个器官发挥其各自的“功能”。总之，该学派陷入了“机械比附”的怪圈，有简单化的倾向。

○ **历时的文化**

这里所用的“历时”一词（diachronique），借鉴自语言学家索绪尔，与“共时”（synchronique）相对，特指人类文化在不同历史时期的状态及其演变。从历时的角度梳理文化，既可溯其源，又可明其流，给人以清晰的时间观念。国外的文化进化论者（如泰勒、摩尔根），非常注重从历史发展的角度研究文化，认为文化是由低级向高级、由简单到复杂循序渐进发展的；该学派又可分为单线进化论和多线进化论，前者把人类文化看作一个整体，后者则认为人类文化存在若干平行的个体。

比如，我们所说的“儒家文化”，其实并不是一开始便如此，它有着长达2 000余年的发展历史。质言之，它的发展历史大致经历了三个阶段：“原始儒家”（先秦时期）、“宋明新儒学”（其实应当包括宋以前的汉魏时期）、“当代新儒家”（五四新文化运动以后）①。

① 彭华：《“殊途同归”与“同途殊归”——从思想交融角度看儒学发展的三个阶段》，《宜宾师专学报》，2000年第4期。

○ 区域的文化

所谓“区域的文化”，指的是一个特定地域单位、在一个特定时期中发展起来的文化和社会类型，可以简称为“区域文化”。文化人类学所说的“文化区”（culture area）、传播论者所说的“文化圈”（Kulturkreise），则与此处所用的“区域文化”有别，因为前者是“以该地区内诸社会的文化相似性为特征的地理区域，这种相似性源于共同的环境及传播”①，而后者则隐含文化的独创性（独立起源、独立发展）。“区域文化”并不是从一开始就存在的，它是某一地区文化发展到一定程度的结果，“只有当某一区域达到成就上的一致性，出现在此地域上的文化丛和文化结构，真正的区域文化才算形成”②。

大者而言，有以洲为单位的区域文化，如“欧洲文化”“亚洲文化”等；次者而言，有以洲内片区为单位的文化，如“东亚文化”“西欧文化”等；小者而言，有以国别为单位的文化，如“中国文化”“印度文化”“玛雅文

---

① ［美］墨菲著，王卓君、吕迺基译：《文化与社会人类学引论》，第285页，商务印书馆，1991年。

② 李勤德：《中国地域文化的形成与发展》，《先秦史与巴蜀文化论集》，《历史教学》杂志社，1955年。

化”“古罗马文化”等；更小者而言，有以国内地区为单位的文化。

比如，著名考古学家苏秉琦将中国的考古学文化划分为六大区系：（1）以长城地带为中心的北方地区；（2）以晋、陕、豫三省接邻地区为中心的中原地区；（3）以洞庭湖及其邻境地区为中心的长江中游地区，以及面向太平洋的三大区；（4）以山东及其邻境为中心的黄河下游地区；（5）以江、浙（太湖流域）及其邻境地区为中心的长江下游地区；（6）以鄱阳湖—珠江三角洲一线为主轴的南方地区①。苏秉琦据以划分的标准，是考古学的标准；而他所说的这六大区系，实际上就是六大“区域文化”。李学勤根据文献和考古成果，将东周时代列国的文化划分为七个文化区：（1）以周为中心，北到晋国南部，南到郑国、卫国等地处黄河中游的地区，为中原文化区；（2）中原以北的赵、中山、燕国以及更北的北方文化区；（3）今山东境内的齐鲁文化区；（4）长江中游的楚文化区；（5）吴越文化区；（6）巴蜀文化区；（7）秦文化

① 苏秉琦：《华人·龙的传人·中国人——考古寻根记》，第239页，辽宁大学出版社，1994年。

区①，当然，还有其他的划分方法，兹不赘述。

○ **物质的文化**

物质，是文化的载体，也是文化“外化”的结果。在以前的研究中，部分学者往往只关注这一类型的文化（习称为“物质文化”），而忽略了文化的精神性。比如在考古学界，有所谓“陶器文化”“青铜文化”等。其实，所谓“物质文化”“精神文化”，仅是相对划分的结果，两者本来就是密切关联的，切不可截然割裂。考古发现的物质（遗物与遗迹），它们其实也反映着精神的东西。关于个中奥秘，李学勤多有论述②。

但并非所有的物质均可冠以“文化”，要成为“文化的物质”，它首先应该具备“人工创造性”。也就是说，所谓“物质文化”，特指（人的／人为的）文化物质而非自然物质。因此，如若有人贸然称有所谓的“山川文化”“松竹文化”，绝非严谨和地道的用法。

○ **精神的文化**

所谓“精神的文化”，这是从狭义的角度所理解的文

---

① 李学勤:《东周与秦代文明》(增订本), 第11—12页, 文物出版社, 1991年第二版。

② 李学勤:《走出疑古时代》, 辽宁大学出版社, 1994年。

化，即人类所创造的精神财富的总和（如文学、艺术、教育、科学、宗教以及思维方式、心理特征、价值观念、道德标准、认识能力等），是人类的文化心态及其在观念形态上的对象化，有时又被混称为“精神文明”。上文提到的泰勒的定义，注重的就是文化的这一层面。目前学术界所习称的“儒家文化”“道家文化”等，所注重的就是文化的精神层面。

尽管精神文化有相对的独立性，能够反作用于物质文化，但精神文化本身终究是由物质文化所决定和制约的。这是因为，精神文化需要一定的物质载体，只有当物质文化发展到一定的阶段以后，才有可能产生精神文化。

○ 象征的文化

怀特认为，“象征是所有人类行为和文明的基本单位”，甚至认为“所有人类行为起源于象征的作用”；所谓“象征”（symbol），指的是“一件其价值和意义由使用它的人加诸其上的东西”；因此在他看来，文化是象征的总和，是“肉体之外的”基于象征体系的事物和行为在时间上的连续统一体，是人区别于其他动物的主要标志①。在众多象

① ［美］怀特：《象征》，《多维视野中的文化理论》，第 239—251 页。

征体系中，“符号”是一项大宗，而“符号”恰好就是德国哲学家卡西尔强调的重心和中心。他认为，人是“符号的动物”，人是能利用符号去创造文化的动物①。文化中最重要的象征形式是语言——代表客体的言辞，斯坦利·萨尔特甚至认为，“象征—语言——是人类文化之基础”(《演化生物学》，第402页)。

冯友兰曾经将历史区分为“本来的历史”(客观存在的历史)和“写的历史”(历史学家以主观认识和研究为根据而撰写的历史)②。其实，文化又何尝不是如此？拿孔子来说，就有“历史的孔子”与“孔子的历史”之别。孔子逝世之后，他在后代实际上业已成为一个“符号”，具有极大的“象征”意义，仍然具有极高的研究价值和学术意义。

○ 整合的文化

在《文化模式》一书中，本尼迪克特不但强调文化的“模式”(pattern，又译为“类型”)，而且强调文化的“整

---

① ［德］卡西尔:《人是符号的动物》,《多维视野中的文化理论》, 第252—262页。

② 冯友兰:《中国哲学史新编》(1980年修订本)第一册, “全书绪论”, 人民出版社, 1982年第三版, 第1—2页。

合”①。所谓“整合”，其实在文化的形成过程中（包括文化交流）最具有参考意义；一俟文化最终成型并相对固定，再谈文化的“整合”，其参考意义便相形逊色。

文化的整合，大致包括三种类型:（1）同时代诸文化的整合；（2）新旧文化的整合；（3）本土文化与外来文化的整合。大致而言，其第一、第二种“整合”仍以本土居多，第三种“整合”则广而延及“中外”文化问题。

就第一、第二种情形而言，我们可举道家文化为例。诸子百家的关系，并非如有些人所理解的那样——水火不容、尖锐对立。道家与儒家，非但没有水火不容，反而是水乳交融；道家在形成和发展过程中，有机摄取和合理吸纳的养分，不但有儒家的东西，同时还有阴阳家、墨家、名家、法家的东西。在“论六家之要旨”中，司马谈早就将此个中奥秘揭橥而出，“道家使人精神专一，动合无形，赡足万物。其为术也，因阴阳之大顺，采儒、墨之善，撮名、法之要，与时迁移，应物变化，立俗施事，无所不宜，指约而易操，事少而功多”(《史记・太史公自序》)。郭店楚简一出，许多学者对儒、道两家的水乳交融深表惊

① ［美］本尼迪克特著，张燕、冯铿译:《文化模式》，浙江人民出版社，1987年。

讶，叹为真历史的“再现”；其实，儒、道两家的关系本非“问题”，只是某些人“误读”（misread）了先秦、两汉的典籍罢了。

就第三种“整合”而言，最为典型、最为世人所熟知的，恐怕莫过于佛教的渐入中土了。自西汉末年佛教传入中国，历2 000余载的译介、冲突、交融，其“整合”早已完成。而另外一种中外文化的“整合”，则仍在进行之中，这就是中西文化的“整合”。

○ 系统的文化

所谓“文化的系统性”，不论是在文化的形成过程中，还是在文化成型固定后，都具有极大的参考意义。因为我们所说的“××文化”，其组成部分并不是单一的、孤立的，往往是多元的、复杂的。

以中国而言，她本身就是一个多民族的国家，“五十六个民族，五十六朵花”，各自都有其灿烂的文化与悠久的历史，但最终都系统整合在“中华民族”这个大家园里。所以，著名社会学家费孝通提出“中华民族多元一体格局”概念①，确实是独具慧眼的概括。再以某一民族

① 费孝通：《中华民族的多元一体格局》，中央民族学院出版社，1989年。

而论，其文化也并非单一文化，既有物质层面的，也有精神层面的，既有历时的，也有共时的，但“共同的文化认同”（民族学上所用的“民族认同”一词，与此约略近之）最终将该民族与其他民族区分开来，因为“（共同的）文化特点可以毫无例外地作为任何民族区别于其他民族的主要标志”①，“如果一个民族丧失其文化特点，它就不可能作为一个单独民族而存在”②。

○ 考古学文化

考古学中所讲的文化，有其特定的含义，“专门指考古发现中可供人们观察到的属于同一时代、分布于共同地区，并且具有共同的特征的一群遗存”；所以，一般用“考古学文化”来表示考古遗存中（尤其是原始社会遗存中）所观察到的共同体③。考古学文化的命名，以首次发现的典型遗址所在的小地名作为考古学文化名称的做法，应用得最为普遍④，如欧洲的莫斯特文化、梭鲁特文化以及中

① ［苏］尼·切博克萨罗夫、伊·切博克萨罗娃著，赵俊智、金天明译：《民族·种族·文化》，第24—25页，东方出版社，1989年。

② ［苏］尼·切博克萨罗夫、伊·切博克萨罗娃著，赵俊智、金天明译：《民族·种族·文化》，第23页，东方出版社，1989年。

③ 安志敏：《考古学文化》，《中国大百科全书·考古学》，第253页。

④ 夏鼐：《关于考古学上文化的定名问题》，《考古》，1959年第4期。

国的龙山文化、仰韶文化等。

总之，文化首先是“人的文化”，只有人才是文化的创造者和承继者；因时间和空间的不同，文化在历时和共时两个向度上呈现出不同的特点；文化的基本内容，大致可以划分为物质文化和精神文化两大类；文化的各个组成部分，都有其独到的功能和价值，它们被系统整合之后，外在面貌大致相似，“民族文化”遂凸显而出；文化的研究，在方法论上的要求是全方位的，任何单一的方法均不足以完全奏效。

（彭　华）

原始创新

创新是人类特有的历史现象，也是通过千万年体质进化获得的能力，并在人类社会文化形成之初，同时形成创新的机制。这些带着原始意味的创新活动，包括了科技、汉字以及艺术的萌芽和发展。

一 科学智慧之光

中华民族自古以来就是一个崇尚实用的民族，即使在科技等领域，也具有浓厚的致用色彩。这种现象，在中华文明起源时的原始创新状态中已露端倪。大约在一万年前，华夏先民在生产实践中已显露出科学技术的创造微光。

（一）农具的进步与天文、地理知识的积累

源远流长的中华农耕文明，早在新石器时代早期就已经分别诞育于长江中下游、黄河流域及西藏山地，其中既有神农氏辨别植物、教人耕种的传说，又不断有考古发掘资料可资佐证。譬如在距今七八千年之前的浙江河姆渡遗址第四文化层中，在十多个探方广达 400 多平方米的区域内，不仅普遍发现稻粒、谷壳、稻秆、稻叶的遗存，甚至

形成了 20—50 厘米厚的堆积层[①]；如河北磁山、西安半坡等文化遗址，至今保存着用以储存粮食的窖穴。至新石器时代晚期，华夏先民业已培植并栽种着诸如大麻、苎麻、花生、芝麻、蚕豆、葫芦、菱角和豆类等农作物。

伴随着农耕方式的广泛流传，耕作技术也获得了初步的改良，由早期的"火耕"经"耜耕"过渡到"耜耕与犁耕并存"。而在南方水稻产区，不仅发明了用于平整水田的牛鼻形孔木器[②]，而且探索出根据地势高低开沟引水、做田埂等排灌技术。已知华夏先民早在 7 000 年前即发明了人工灌溉术，湖南澧县城头山遗址和江苏苏州市草鞋山遗址中的稻田水利设施即是明证[③]。与此相应，农具也从早期的揉木为耒、断木为耜，进化为精制石器。此类农具依器形和用途，可分为用于砍伐树木杂草的石砍斫（砸）器、石斧形器、石斧、石锛等；用于翻土的石耜、蚌耜、木耜、石镬、鹿角鹤嘴锄、石锄、石犁等；用于中耕的石锄、石耘田器等；用于收割的石刀、蚌刀、石镰、蚌镰

---

① 浙江省博物馆自然组:《河姆渡遗址动植物遗存的鉴定研究》, 刊《考古学报》, 1978 年第 1 期。

② 赵晓波:《河姆渡周边遗址原始稻作农业的研究》, 刊《农业考古》, 1998 年第 1 期。

③ 《中国文物报》, 1997 年 8 月 14 日。

半坡文化出土石斧

石耜

兴隆洼文化出土石磨盘、石磨棒

石臼

等；以及用于谷物脱壳的石磨棒、石磨盘、石臼、陶臼、石杵、木杵等。且分布广泛，“南达珠江流域（含港澳地区），北及黄河中下游，东至台湾岛，西至云贵川”①。

农耕方式不仅提供了时人稳定可靠的衣食来源，而且得到部落及部落联盟首领的首肯与支持，农官——即后

① 吴诗池：《浅论中国原始稻作农业的起源与发展》，刊《农业考古》，1998年第1期。

稷——在唐尧之世的设置即是明证。至于羲氏、和氏的受命观察气象，以及《周礼·地官司徒》、《夏小正》勿误农时的相关记载，也旁证了农业地位的上升。如《礼记·月令》云：

> （孟春之月）天气下降，地气上腾，天地和同，草木萌动。王命布农事，命田舍东郊，皆修封疆，审端经术，善相丘陵。阪险、原隰，土地所宜，五谷所殖，以教导民，必躬亲之。田事既饬，先定准直，农乃不惑。

执此而论，中国农业生产的稳定发展与从未间断，以及精耕细作优良传统的养成，可谓渊源有自；而相对稳定的农耕生活，更提供了传统文化生成、发展的厚实基础。

先民对于农耕生活方式的选择，固然源自生存需求上的避难就易，更奠基于一定的对于生态环境诸如气候、土壤等自然条件的认知，其程度也必将顺应农业生产的发展而深化。远古时期华夏文明之中的天文学萌芽，正是先民在长期的实践中逐渐积累的对于农耕周期的认知。日出而作、日落而息的他们，依据太阳出没所造成的明暗交替，

火正阏伯塑像

首倡“日”的概念；在尚无其他照明设施的当时，深感月光重要性的他们，经过长期的观测，计算出月亮阴晴圆缺的规律，进而导致“月”的时间观念；目睹草木的周期性枯荣以及候鸟的暖来寒往，“年”作为时间单位，被引入生产领域，最终导入生活范畴。

相传在4 000年前的颛顼时代，业已设置“火正”之职，专门负责观测大火星的运行轨迹，其结果就是将大火星从东方地平线升起的黄昏时分，定为一年之始。又据《尚书·尧典》记载，帝尧曾分命羲仲、羲叔、和仲、和叔四人观察天象，“敬授人时”，其具体方法及结果是：“日中星鸟，以殷仲春”，“日永星火，以正仲夏”，“宵中星虚，以殷仲秋”，“日短星昴，以正仲冬”，即以鸟、火、虚、昴四大恒星在黄昏时分正处南中天的日子，确定春分、夏至、秋分、冬至，以作为划分四季的标准。就观测的精确度而言，羲仲等人的方法明显优于颛顼时期的火正，因为观测星辰南中天以确定季节，可减少地平线上的折射、光渗等影响。由

仰韶文化月亮纹罐

上述记载又可推知当时已有原始圭表的发明，否则无从确定某星辰南中天的问题，尽管圭表仅用于厘定方位而尚未用于测定日影的长度。此外，“日中”、“日永”、“宵中”、“日短”的说法，表明彼时业已使用某种用以测量时间的器具，而1972—1975年间，仰韶文化郑州大河村遗址有关天象的纹饰和图像的出土，又印证了上述论断。凡此种种皆表明早在远古时期，中国就已经进入了观象授时相当发达的时代。

仰韶文化太阳纹罐

更需关注的是，通过对恒星周年运动周期的测算，制

定并实施“期三百有六旬有六日，以闰月定四时成岁”[①]的初始历法，该历法以三百六十六天为一年，配合闰月分成四季，并在以太阳定日、太阴计月的同时，规定日始于夜半、月始于朔旦、年始于冬至，因而被认为是中国目前所知的最早的阴阳历。除此而外，《周礼·春官宗伯》已有日晕的记载。至于《淮南子·本经训》所载的后羿射日传说，又折射出日晕幻日的全景：

> 逮至尧之时，十日并出，焦禾稼，杀草木，而民无所食。猰貐、凿齿、九婴、大风、封豨、修蛇皆为民害。尧乃使羿诛凿齿于畴华之野，杀九婴于凶水之上，缴大风于青丘之泽，上射十日而下杀猰貐，断修蛇于洞庭，禽封豨于桑林。万民皆喜，置尧以为天子。

得益于相对稳定的农耕生活，新石器时代的华夏先民不仅扩展了对周围地理环境的认识，而且开始关注生活的质量，尤其是居住条件的改善。相对于远古时代的“构木为

① 阴法鲁、许树安主编：《中国古代文化史》第三册，第101页，北京大学出版社，1991年。

巢”或穴居，当时人的居住方式趋于多样化，除了广西、广东、云南等少数部族仍然以天然山洞为家之外，黄土地带的人们（譬如半坡人）大多开始建造半地穴式房屋和原始地面建筑，而温热沼泽地带的居民则多半营建干栏式房屋（以河姆渡人为典型），并由此确定了中国传统建筑物的基本构造与形态。不但如此，各地民众还开始对整个聚落进行总体性的规划。譬如在临潼姜寨仰韶文化遗址，整个村庄以广场为中心，被有意识地规划成居住区、氏族墓地及窑场三部分[①]；而在红山文化遗存，“祭坛遗址内有象征‘天圆地方’的圆形和方形祭坛，建筑布局按南北轴线分布，注重对称”[②]，这种对房屋、墓穴朝向的精心规划，既深具建筑学意义，又折射出华夏先民浓郁的地理布局意识。当然，先民头脑中的地理方位意识早在旧石器时代就已形成，不过，这种意识主要反映在他们对居住地点的选择上，更多地出自简单的生活需要[③]。所以地理学萌芽于新

① 中国社会科学院考古研究所编著:《新中国的考古发现和研究》，第54页，文物出版社，1984年。

② 《辽西发现五千年前祭坛、女神庙、积石冢群址》，载《光明日报》，1986年7月25日第1版。

③ 如元谋人所以从亚热带草原迁居依山滨湖地带，即因此地果实丰盛、野兽出没而便于采集、狩猎之故。

石器时代，并随着历史的演进和人种的进化，华夏先民的地理知识表现出日渐丰富的趋向，遂有帝舜时代中华大地分为十二州的行政区划。

也正因为地理知识的不断积累和渐趋丰富，还在西方对制图一无所知的时代，华夏先民就已经开始绘制地图。如《周礼·夏官司马》载："职方氏掌天下之图，以掌天下之地，辨其邦国、都鄙、四夷、八蛮、七闽、九貉、五戎、六狄之人民，与其财用、九谷、六畜之数要，周知其利害，乃辨九州之国，使同贯利。"此类地图的绘制，或出于政治目的："大司徒之职，掌建邦之土地之图与其人民之数，以佐王安扰邦国①。"或用于军事，如《管子·地图》篇云：

> 凡兵主者，必先审知地图。轘辕之险，滥车之水，名山、通谷、经川、陵陆、丘阜之所在，苴草、林木、蒲苇之所茂，道里之远近，城郭之大小，名邑、废邑、困殖之地，必尽知之。地形之出入相错者尽藏之，然后可以行军袭邑，举错知先后，不失地利，此地图之

---

① 《周礼·地官司徒》。

常也。

指南车模型

诸如此类，皆为华夏先民地理意识发达之表征。唯其如此，诞育了黄帝利用磁石相互吸引的特性、发明指南车的传说。

（二）生活需求与化工技术的进步

定居的农耕生活对于上古历史发展的意义远不止上述种种，由于生活、生产区域的相对固定，凿井技术因居民的用水需求而适时兴起。“中国新石器时代居民发明挖深井利用泉水灌溉，已知至晚伊始于仰韶文化时代中晚期，较流行于龙山文化时代。原始稻作区发现古井，系以河姆渡第二文化层发现距今 5 700 年的木构水井的年代为最早（马家浜文化与崧泽文化相交之际）。又以良渚文化遗址发现为最多①。”目前在龙山文化时期已经发掘出四口水井，其中两口在邯郸涧沟遗址，另两口分别位于汤阴白营和洛

① 详参吴诗池：《浅论中国原始稻作农业的起源与发展》。

阳锉李遗址[1]。至于河姆渡遗址中的木构水井，面积4平方米，深1.25米，系利用原有水坑、打入四排方形木桩加固而成。水井的开挖与使用，不仅有利于开辟新生活区，更标志着当时人对地下水文的认知达到了一个新的高度。

与此同时，由农业发展而导致的农产品积余，又为酒、醋、酱等日用品的制作提供了足够的原料。早在6 000年前的新石器时代中叶，华夏先民就开始用水果发酵的“单发酵法”，配制出世界历史上最早的粮食酒。1979年，考古工作者在山东莒县陵阴河大汶口文化墓葬中发掘出大量酒器，其中包括用于酿造发酵的大陶尊、用于滤酒的漏缸、用于贮酒的陶瓮、用于煮熟物料的陶鼎，以及一幅被认为是滤酒图的图画[2]。此外，在河姆渡文化遗址、龙山文化遗址，分别出土了陶制酒具和觚、鬶、盉等专用酒器。凡此种种，都是新石器时代华夏先民酿制、品尝米酒的明证。从相关史料来看，酒从最初的奢侈品，逐渐成为人们喜庆助兴、烦闷浇愁的日用品，进而以其独特的方式浸润着整个社会，并与华夏文明的演进相始终，成为传统

① 方酉生：《从考古材料看我国中原地区原始社会的农业生产》，《农业考古》，1984年第1期。

② 王树明：《大汶口文化晚期的酿酒》，《中国烹饪》，1987年第9期。

饮食文化的重要组成部分。诚如恩格斯在《家庭、私有制和国家的起源》一文中所论，酿酒技术的发明是人类文明初期生产力发展的重要成就，它与榨油术、冶炼制陶术一道，直接促成了人类史上的第二次社会劳动大分工。作为一种广泛应用于日常生活的调料，古称“醯”、“酢”或“苦酒”的醋，也是先民利用发酵原理，用谷物酿造而成。它拥有与酒同样悠久的历史，不仅自古就有“杜康造酒儿造醋”的说法，而且根据《周礼·天官冢宰》记载，彼时官府设有专管酿醋的醯人。除酒、醋之外，供作食用的酱及酱清（酱油），也是该时期的酿造工艺产品，它与其他日用品一样，既是华夏先民智慧的结晶，又满足了人们的日常需求。

大河村遗址出土彩陶双连壶

龙山文化出土黑陶鼎

相对稳定的生活现状，与人们日益增长的改善生活条件的需求，两相凑泊，直接促成了手工业的兴起与发展。以纺织技术为例，尽管早在旧石器时代，华夏先民就已发明了结网法，并在事实上穿戴着用植物韧皮或动物皮条纺织的“抛石索”，然则真正的纺织产品的出现与使用，却是在新石器时代。就纺织原料而言，经历了从野生麻类到蚕丝的变迁。浙江吴兴钱山漾遗址所出土的苎布、丝带和绢片，表明中国是世界上最早利用蚕丝织作的国度；就织造技术而言，时人在编织和结网的基础上不断改良，发明了搓捻续接法和用纺坠纺纱的方法，继而又推出了原始的机织工艺，采用腰机和引纬的骨针进行织作。譬如出土于苏州市草鞋山文化遗址的一件约 6 000 年前的葛纤维织物，其经线就是由两股纱并合而成的。

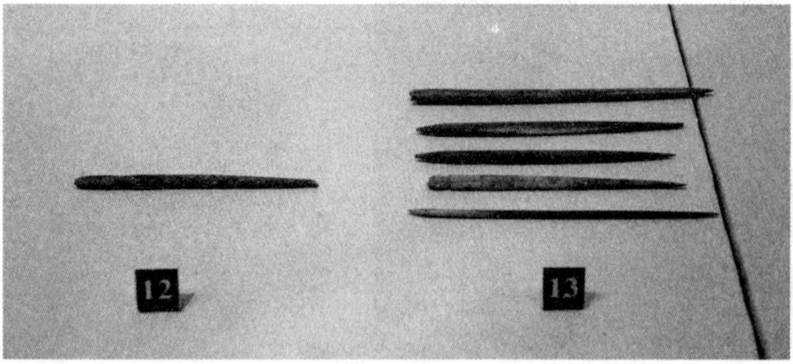

骨针骨锥

绩织场景

大溪文化陶纺轮

出土于河姆渡文化遗址的瓜棱形木胎朱漆碗和缠藤朱漆木筒，作为迄今所知最早使用自然漆的实物例证，表明早在6 000多年以前，华夏先民就已经认识到漆的特性，并开始使用调朱的漆料对器皿加以髹饰，从而揭开了中国漆器制造史的第一页。不过，新石器时代的漆器制造尚处于探索阶段，漆色以红、黑两种单色为主，髹漆工艺也仅有彩绘和镶嵌两种。尚需指出的是，在墨发明之前，漆在被用于装饰生活用品之外，还被用于书写①。至于墨的缘起，历来众说纷纭，或称始造于黄帝之世，或云为汉人田

---

①［元］陶宗仪:《南村辍耕录》卷二九，武进陶氏影刻元刊本。

真所创[1]，也有周人“刑夷作墨，史籀始墨于书”之说[2]。姑且不论现代意义上的墨究竟始作于何时，既然留存于甲骨片上的黑色颜料就是炭墨[3]，那么完全可以认为中国染色技术的起源，当在人工用火之后、殷商之前，大致与纺织技术的问世同时或稍后。而《尔雅·释器》：“一染，谓之縓，再染，谓之赪，三染，谓之纁”的相关记载，以及《周礼·冬官考工记》所谓的“钟氏染羽，以朱湛丹秫。三月而炽之，淳而渍之，三入为纁，五入为緅，七入为缁”，皆表明至晚在三皇五帝时代，就已具备相当成熟的染色术和一定规模的染色业。从染色技术来看，有绞染、蜡染、型染、糊染、绘染、绢印等；就所用的原料而言，大多是经过化学加工提炼而成的植物性染料，如蓝靛、茜草等[4]。

作为新石器时代开端的标志，陶器的问世表明原始化工技术获得了具有重大历史意义的进步。就陶器的起源而

---

① ［明］董斯张：《广博物志》，万历三十五年木刻本。

② ［清］汪汲：《事物原会》，载《古愚老人消夏录》。

③ 详参［美国］皮切勒（A.A. Benedetti-Picher）：Microchemical Analysis of Pigments Used in the Fossae of the Incisions of Chinese Oracle Bones, *Industrial and Engineering Chemistry*（*Analysis*），9，pp.149—152，1937.

④ 如《礼记·月令》：“令民毋艾蓝以染。”

言，大抵可追溯到旧石器时代由木、石、骨等天然材料加工而成的器具。其后，随着生活需要的日益迫切，历经长期观察和实践的人们，开始把湿润的黏土塑制成型，并加以高温焙烧，使之胎体坚固，最终创造出中国新石器时代遗址中最常见的器具。吴仁敬、辛安潮推论：

> 上古之民……对于一切之努力，大都以饮食为中心耳。食物既为当时努力之中心，则凡对于饮食有关系者，初民必当竭尽精力以求之，于是釜甑之属，因需要之急迫，渐有发明矣。初民，因生食之致病也，乃求熟食之方，因食物之易腐败也，乃思久藏之法。其初，则抟土为坯，日晒干之，成为土器，及神农、伏羲时，则掘土为穴灶，以火烧土，使成为素烧之陶器，用以烹饪，用以贮藏。……燧人、神农二氏之前，必有类乎釜与甑之雏形之物，为二氏所本，因采其旧法，而加以新意，以成釜与甑之物，可断言也。而吾国陶器，发源在燧人、神农二氏之前，亦从可推知可断言也[①]。

① 吴仁敬、辛安潮:《中国陶瓷史》，第1—2页，商务印书馆，1998年。

就其价值和功用而言，陶器首先是一种日用品，为日常生活提供了诸多便利：作为耐火的容器，它使人们处理食物的方法，除了烧烤之外又增添了蒸煮；作为坚固的储存器，便于存放谷物、水和液态食物。随后，陶器的功用又扩展到物质生产领域，出现了诸如陶制纺轮、陶刀、陶锉等工具，至于神农耕而作陶的传说[①]，正揭示出彼时陶制农具与农业生产的密切联系。也正因为它的广泛用途，陶器在被大量制作的同时，质地亦越来越好，外形也越来越精

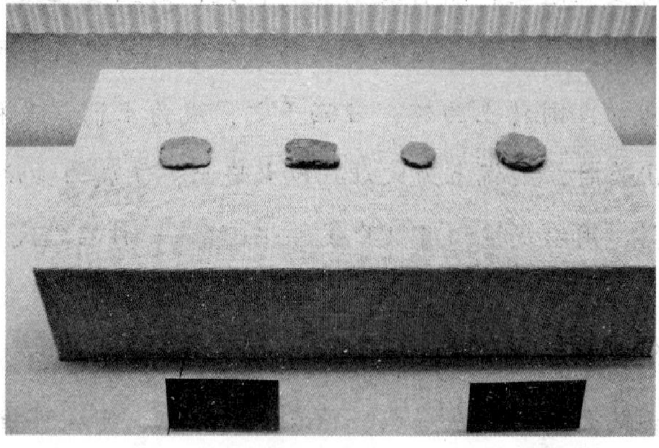

半坡遗址陶刀

① 《资治通鉴外纪》卷一上《包犠以来纪》,《资治通鉴》附，上海古籍出版社，1987年；又见《太平御览》卷八三三引《周书》，以及清人朱石曾的《逸周书集训校释·逸文》。

致、美观，已不仅仅是生活日用品，还具有明显的艺术倾向，成为陶制艺术品。对于陶器的艺术化倾向的缘起，前引《中国陶瓷史》(第3—4页）一书曾作如下考论：

> 考最初之陶器，原系素陶，毫无装饰，后因文化日进，人民除解决生活问题之外，尚有余暇，无可消磨，于是人类内潜的爱美之欲望，沛然怒发，自然流露，而开始感觉到前此之只能适用于实用之物，大不美观，大为粗陋，不足以慰满其心意，故渐渐施加装饰于其上，以求达到爱美之希图。其次，则因当时之人，以食物为努力之中心，凡与食物发生关系之物，视为最有意义与最可宝贵，所以目有所见，心有所悦，俱刻画于其上，以志欣幸与不忘。夫与食物最发生关系者，莫如釜、瓮、増、形等陶器，故初民之装饰，悉萃于陶。又其次，则因为记忆上之便利，而描上物形，以资辨认。……此外，则为了告知他人及后代，而刻上物形，亦是一大原因，我们试看近年来出土之古代陶器，即可知矣。

唯其如此，陶器或被收藏于人户，或被殉葬于墓穴，

“凡日用、送死、敬神、建筑之具，靡不陶器是赖”①，而制陶业也因此迅速地发展成为新石器时代一项重要的手工业，甚至得到黄帝时代官方的高度重视而设陶正一职的设置。

制陶过程大致分为洗陶、制坯、装饰和烧制四步，其原料种类随着技术的进步和制陶业的兴盛而逐步增多。需要指出的是，代表新石器最高工艺技术水平的陶器，不仅有纵向演进中的质量高下之分，而且分布遍及黄河、长江流域，也体现出横向比较中的地域差别。譬如仰韶文化期主要生产彩陶，它以黏土为主要材料，并根据不同用途而掺杂少量砂粒，以便改变陶土的成型性能和成品的耐热急变性能，其器皿品种主要有盆、罐、钵、小口尖底瓶等；而龙山文化期最具代表性的陶器是黑陶，尤以“蛋壳黑陶”最为精美，它用细泥黏土制成，经过精细加工烧造，器壁薄如蛋壳但坚硬异常，表面漆黑有光亮，具有相当高的工艺

龙山文化蛋壳黑陶杯

① 详参吴仁敬、辛安潮:《中国陶瓷史》，第2—3页。

水准。至龙山文化晚期，还出现用高岭土烧制的白陶。对高岭土的认识与利用，是制陶业的一个巨大进步，其深远意义在于为原始瓷器的发明奠定了技术基础。

大汶口文化白陶鬶

随着制陶业的兴起和熔铸经验的渐趋丰富，以及冶铸金属所需的高温技术、耐火材料等客观条件的成熟，时至新石器时代晚期，作为化工产业一大分支的冶铜业也开始出现，并已为考古发掘所证实。譬如在甘肃武威县皇娘娘台文化遗址，出土了二十多件诸如铜刀、铜锥、铜凿、铜环等红铜制品及装饰品，虽然其中多数是人工锤锻物，仍有不少铜刀由单范熔铸而成，而光谱分析与电子探针检验的结果，则显示出这批铜器内含锡、铅、砷等金

大溪文化彩陶球

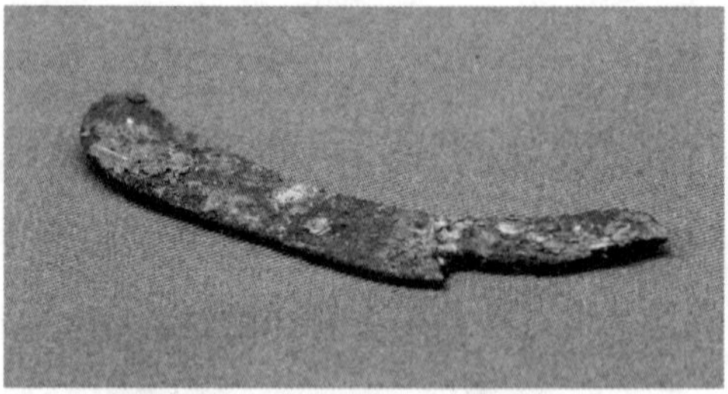

四坝文化青铜刀

属元素。凡此种种，皆表明时人已经初步掌握冶铜技术。不过，尽管红铜制品具有石器工具所无法比拟的优点，一则因为硬度远不如燧石，二则由于原料有限、产量很少，犹未能取代石器而成为主要的生产工具。唯其如此，该阶段被称为人类史上的铜石并用时代。

造酒、制酱、纺织、制陶、冶铜等化工技术的渐次兴起以及相关手工业的发展，不但满足了时人的日常生活需要，而且促成了产品交换的发生，并间接导致交通工具的改进与运输业的问世。见诸《周易·系辞下》，即有“黄帝刳木为舟，剡木为楫”的传说；而考古学家则在长江下游的河姆渡遗址和慈湖遗址发现了世间最早的船舶推进工具——木桨，河姆渡遗址出土的八支木桨均由同一原木削制而成，其中两支分别残长63、92厘米。桐乡罗家角遗址也出土了2件被认为是独木舟残骸的“拖泥板”状残木器。此外，吴兴钱山漾、杭州水田畈、常州圩墩、吴江梅埝龙南等遗址同样有木桨或木橹出土①。与之遥相呼应的是，在长江中游澧县城头山遗址出土了距今六七千年的制作精美的木桨和长约 3 米的木橹②。更值得大书特书的是，在河姆渡遗址还出土了两件夹碳陶舟模型，其中一只“长 7.7 厘米，高 3 厘米，宽 2.8 厘米，中空，体形侧视呈半月形，俯视如梭，左右对称，两头尖而尾部微翘，下半部呈弧形，廓线自然流畅，头部有一鸡胸式小鋬，鋬上有孔”③。或许陶舟只是作为一种玩具而被制造的，却为我们推知河

河姆渡文化木浆

① 分见《桐乡县罗家角遗址发掘报告》,《浙江省文物考古所学刊》, 文物出版社, 1981 年;《吴兴钱山漾遗址第一、二次发掘报告》,《考古学报》, 1964 年第 2 期;《杭州水田畈遗址发掘报告》,《考古学报》, 1960 年第 2 期;《江苏常州圩墩村新石器时代遗址的调查与试掘》,《考古》, 1974 年第 3 期;《江苏吴江梅埝龙南遗址 1987 年发掘纪要》,《东南文化》, 1988 年第 5 期。

② 向安强:《长江中游是中国稻作文化的发祥地》,《农业考古》, 1998 年第 1 期。

③ 乐承耀:《河姆渡文化与越国经济发展》, 王慕民、管敏义主编的《河姆渡文化新论——海峡两岸河姆渡文化学术研讨会论文集》, 海洋出版社, 2002 年。

陶舟形器

姆渡文化期的独木舟形状提供了极有价值的参考依据。在陆路运输方面，作为一种新型交通工具的车也应运而生。譬如《周易·系辞下》、《汉书》卷二八上《地理志上》、《太平御览》卷七七三引《古史考》，皆持“黄帝作车”之说；而近年在河南偃师商城发现城墙内侧路土之上的车辙。既然“确凿地表明至迟到商代早期，双轮车已在我国出现”①，那么单轮车问世于夏代甚至更早时期，当非无稽之谈。

（三）数学、物理学、生物学及医学的萌芽

在整个自然科学体系中，数学以高度的抽象性、严谨的科学性而被誉为科学的基石，而人类对于科学的最初认识，大抵起步于对数学的基本概念——“数”与“形”的感悟，并且随着生活、生产经验的不断增长而日趋丰富。

① 中国社科院考古研究所河南第二工作队：《河南偃师商城东北隅发掘简报》，《考古》，1998 年第 6 期。

唯其如此，华夏先民得以构筑圆形或方形的房屋，制作并使用诸如圆形、椭圆形、方形、菱形、弧形、三角形等不同形状的工具与陶器。广泛存在于西安半坡、上海马桥遗址第五层、浙江良渚、台湾凤鼻山、山东城子崖下层、青海乐都柳湾、甘肃半山马厂、姜寨等地出土陶器之上的代表数字的刻画符号，以及“结绳记事”、“契木为文”的传说，无疑是人们的几何、算术知识积累到一定程度之后、主观见诸于客观的产物。至于规、矩、准、绳等作图与测量工具的问世，更反映出数学在新石器时代的发展程度。至于河姆渡人，不仅“对20以内的数有了明确的概念”，而且“可能已有了30、40等两位数的概念，甚至已有三位

古代结绳记事

数概念的可能”①。

尽管物理学科具有较强的理论性，然而，作为其中一个分支的力学因为鲜明的实用色彩而颇受时人的关注。譬如“弦木为弧，剡木为矢”②的传说，以及峙峪遗址中石镞的考古发现③，表明华夏先民早在旧石器时代就已经认识到弹力原理。复以陶车为例，它的发明，“不仅是制陶工艺的一次巨大革命，也是最早利用轮轴原理为生产服务的实例，并为机械学奠定了原始基础”④。而出土于磁山、河姆渡、半坡等遗址的纺轮，反映出新石器时代的人们对拉力的实际知识与运用水平。至于出土于仰韶遗址的提水容器小口尖底瓶，更生动说明“远古居民在实践中很早就知道利用重心和定倾中心相对位置跟浮体稳定性的关系”⑤。除此而外，石铲与石凿的背厚刃薄形状、用以狩猎的投掷武

① 吴汝祚:《初探河姆渡文化人们的数理知识》，载《河姆渡文化新论——海峡两岸河姆渡文化学术研讨会论文集》。

② 《周易·系辞下》，又见《吴越春秋·勾践阴谋外传》。

③ 贾兰坡等:《山西峙峪旧石器时代遗址发掘报告》，《考古学报》，1972年第1期。

④ 宋兆麟、黎家芳、杜耀西:《中国原始社会史》，第440页，文物出版社，1983年。

⑤ 戴念祖:《中国古代的力学知识》，《中国古代科技成就》，第141—142页，中国青年出版社，1978年。

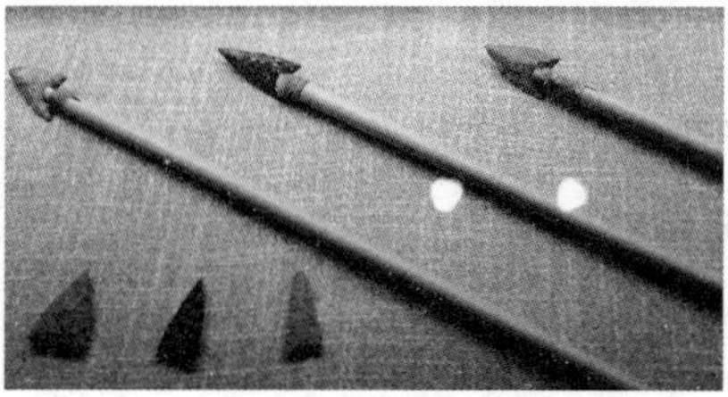

石镞

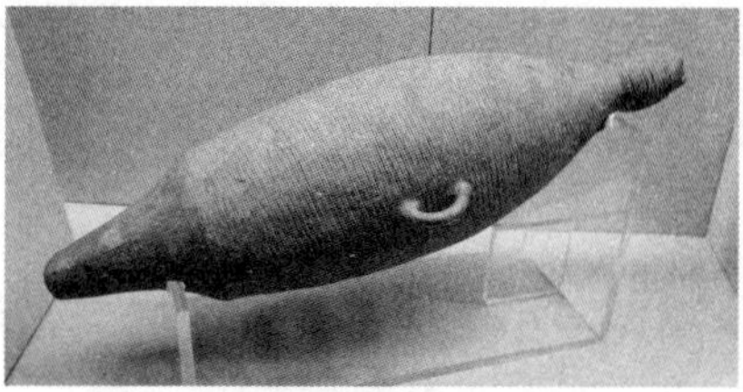

杯口红陶尖底瓶

石矛矛头

器石矛的制作、天平的发明、对畜力的利用，都表征着华夏先民力学知识的丰富程度。

至于牲畜在运输、耕作以及农作物加工等领域的广泛使用，显然建立在华夏先民充分认知野生动物的生殖规律并将之驯化成家畜的基础之上；而早期农业出现这一事实本身，又可见华夏先民对禾本植物特性与生长周期的认识程度。马、牛、羊、猪、狗、鸡等动物的被驯化，以及粟、黍、稷、高粱、水稻等植物的被栽培，不仅拓展了时人的艺术创造力①，而且意味着中国早期生物科学的萌芽；尤

① 在河姆渡、半坡和马家窑等遗址中出土的陶器上，往往绘有或刻有鸟、蛙、龟、鱼、鹿等动植物图案，较之早期陶器，显然更具有艺术性。

需指出的是，华夏先民在开发利用动植物资源的长期实践中，觅取了一些治疗疾病的动植物药品，由此导致了中国原始中医学的问世，见诸典籍即有神农氏遍尝百草而始有医药的传说。如《淮南子》卷十九《修务训》云："神农乃始教民播种五谷，相土地宜，燥湿肥垸高下，尝百草之滋味，水泉之甘苦，令民知所辟就。当此之时，一日而遇七十毒。"他如《抱朴子内篇》卷三《对俗》、《搜神记》卷一、《太平御览》卷七二一引《帝王世纪》，以及《资治通鉴外纪》卷一上《包牺以来纪》等，皆持此论。

上古之世，由于生存条件的恶劣，也因为相关知识的贫乏，"茹草饮水，采树木之实，食蠃蛖之肉"①的华夏先民，相当普遍地患有程度不同的牙周病、氟牙症、龋齿、齿槽脓肿以及磨耗等口腔疾病②。与此同时，尽管古人采取

① 《资治通鉴外纪》卷一上《包牺以来纪》。

② 可参考的相关论文或专著主要有：韩康信等：《江苏邳县大墩子石器时代人骨的研究》，《考古学报》，1974年第2期，及其《大墩子和王因新石器时代人类颌骨的异常变形》，《考古》，1980年第2期；周大成：《河南广武镇新石器时代人骨的口腔情况》，《中华口腔科杂志》，1959年第7期，及其《中国口腔医学史考》，人民卫生出版社，1991年；吴茂霖等：《贵州桐梓发现的古人类化石及其文化遗物》，《古脊椎动物与人类》，1975年第1期；贾兰坡等：《阳高许家窑旧石器时代文化遗址》，《考古学报》，1976年第2期；曹波：《化石人类的口腔疾病》，《化石》，1990年第1期；颜訚：《西夏侯新石器时代人骨的研究报告》，《考古学报》，1973年第2期。

了一定的防范措施，如《吕氏春秋·古乐篇》云："昔陶唐之时，阴多滞伏而堪积，水道壅塞，不行其原，民气郁闷而滞着，筋骨瑟缩不达，故作舞以宣导之。"但是，在原始人骨骼化石中还常见骨质增生、骨性关节炎、骨结核、脊椎变异、股骨弯曲增大、骨髓炎之类的疾病痕迹①，诸如此类的疾病严重地威胁着华夏先民的健康与生命。而疾病的危害、威胁与古人的自我保护本能，给予医学萌生以最初的动力。

当然，"生产和生活的实际经验的积累和技术的稳定进步，是科学萌生和成长的真正的基础"②。火的使用具有极其重大的历史意义，华夏先民在用火熟食、取暖、防潮的同时，还发明了最早的"热熨疗法"，并由此萌生了最初的针灸技术③；而在漫长的狩猎和畜牧过程中，华夏先民不仅逐渐认识到动物的肉、脂肪、内脏、骨髓对人体的营养价值和药用功效，而且从动物的中毒与自救现象中得到

---

① 详参半坡博物馆等:《陕西渭南史家新石器遗址》,《考古》, 1978 年第 1 期。

② 彭启福:《宗教、迷信和科学的早期发展管窥》,《安徽师范大学学报》(哲社版), 2002 年第 1 期。

③ 如《太平御览》卷七二一引《帝王世纪》, 即有"伏羲尝百药而制九针"的记载。

药理启示。如《山海经·山经柬释》所载的“有鸟……名曰青耕，可以御疫”，便是他们在膳食中发现动物药品的佐证。与此同时，在日复一日的采集活动中，他们不仅积累了有关植物的形态、分布环境、生长规律的知识（此类知识的积累，直接推动了农业的产生），而且随着对植物性味、作用了解的深入，获得了药物可以栽培、疗病的感性认识。譬如在河姆渡遗址第四文化层，考古学家发掘出数量可观的樟科叶片，从樟叶本身的性能，以及至今尚盛行于宁波乡间的医疗土方推断，可大致确定这些樟叶的功用在于驱蚊、止痒、散毒、消肿、防蛀。最近在浙江萧山跨湖桥遗址中，考古人员在一件稍有残缺、外底有烟火熏焦痕迹的绳纹小陶釜中，发现了20余根长约5—8厘米、直径在0.3—0.8厘米之间的植物茎枝，从现象观察，当属陶釜烧裂时被丢弃的煎药，从而再次说明“史前期人们就已认识到自然物材的药用价值”①。除此而外，当下某些少数民族对于动植物药物的应用状况，如鄂伦春人口服或外敷“安摩草”止血、彝族用麝香治疗痢疾等，又为我们提供了考察远古时期相关情状的人类学依据。此则前人列叙

① 吴晶:《揭秘“神农尝百草”——2001年“十大考古新发现”评出》,《扬子晚报》, 2002年4月13日第12版。

甚明，无须赘述[①]。至于传说中的伏羲氏、神农氏、黄帝、僦贷季、岐伯、俞跗、伯高、少俞、鬼臾区、雷公、桐君、少师、巫彭、巫妨、巫咸、苗父等人，对中华医学的萌芽与原初发展的作用，更不应被忘却。

神农尝百草

（唐燮军）

① 详参《中国原始社会史》，第455—459页。

二　汉字之源[①]

汉字源远流长。它作为一种以方块字形、意音性质为特征的文字体系，其历史已有几千年[②]。在同为表意文字性质的圣书字、楔形文字湮灭在历史的长河里，成为“死去的文字”之后，汉字以它顽强的生命力和适应汉语的能力，直至今日，仍继续被中国各地人们以及世界华人所使用。它的实用性、艺术性也同为世界所公认。在漫长的历史

黏土楔形文字泥板

① 本文以王震中的《中国文明的起源与早期国家形成途径的思考》第三章《文字的出现与文明社会》为主要参考。

② 裘锡圭:《文字学概要》, 第 14—21 页, 商务印书馆, 1988 年。

中，汉字体系甚至影响了少数民族文字和周边国家。

悠久的历史和鲜明的特征，使得汉字在今天的世界文字体系中仍然闪烁着神秘的光辉。汉字的起源因此又一次表明了中华先民的创造能力。

（一）几何形记号

传说中，汉字是由黄帝的史官仓颉创造的。汉代文字学家许慎在《说文解字·序》中对此进行了高度的评述：“黄帝之史仓颉见鸟兽蹄迒之迹，知分理之可相别异也，初造书契，百工以乂，万品以察。”

现在已发现的内容较为丰富的古文字资料中，商代的甲骨文和金文是时代较早的。然而，虽然甲骨文是现在所发现的最古老的明确用于记录历史的汉字系统，但它绝不是中国最早的文字，因为它所代表的商代晚期文字，已经具有相当发展、相当成熟的特征。那么，最早的汉字是什么时候产生的？换言之，这一文字体系是从什么时候开始形成的？这个问题，不仅是文字发展史研究者关心的问题，同时也关系到中国古代文明究竟从何时开端，是一个重大的学术问题[①]。

① 李学勤：《古文字学初阶》，第 15 页，中华书局，1985 年。

近半个世纪以来，考古工作者在新石器时代某些文化的器物上，发现了若干刻画符号，这为解开汉字起源之谜提供了线索。

至今最早的龟甲刻画符号是在河南舞阳贾湖遗址发现的，年代距今 7 500—8 500 年。刻画着符号的龟腹甲和龟骨残片出土于裴李岗文化的墓葬中，上面的符号其中一个很像甲骨文的“目”字，一个很像甲骨文中的“户”字，它们的构形方法据称也与甲骨文十分相似。它们与汉字之间是否存在渊源关系？由于可供比对的资料太少，这一发现到底具有怎样的意义，还有待进一步的研究①。

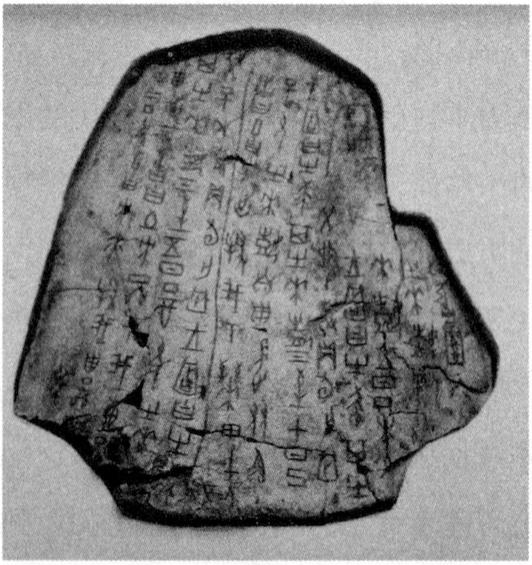

甲骨文

另一类刻画符号是在陶器上发现的。西安半坡遗址是中国新石器时代仰韶文化

① 李学勤、郭志坤：《中国古史寻证》，第318—319页，上海科技教育出版社，2002年。

金文

裴李岗文化出土的刻符龟甲

的重要遗址，考古工作者首次在这个遗址出土的陶器上发现了 113 个刻画符号，此后又在仰韶文化半坡类型的其他遗址如陕西长安、临潼、郃阳、铜川、宝鸡等地也都发现了类似的刻画符号。这类符号绝大多数刻在陶钵外口沿的黑宽带纹或黑色倒三角纹上，每钵一个符号，极少有两个符号刻在一处的现象①（见下图）。

对于半坡符号的性质，学术界意见分歧很大。郭沫若

---

① 王志俊：《关中地区仰韶文化刻画符号综述》，《考古与文物》，1980 年第 3 期。

仰韶文化彩陶残片

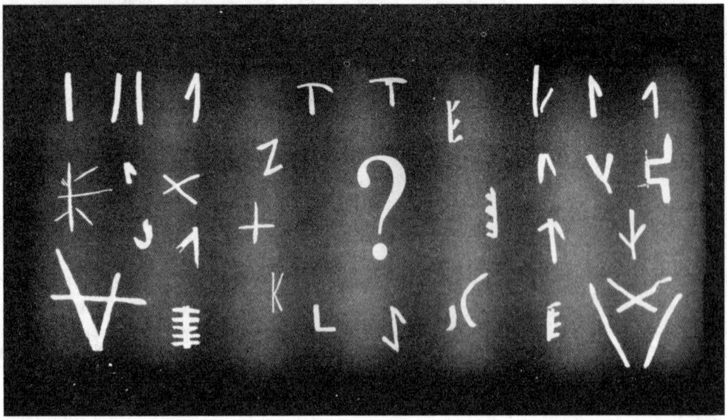

半坡遗址符号

对半坡的刻画符号的性质是这样认识的："刻画的意义至今虽未阐明，但无疑是具有文字性质的符号，如花押或者族徽之类。我国后来的器物上，无论是陶器、铜器或者其他成品，有'物勒工名'的传统。特别是殷代的青铜器上有一些表示族徽的刻画文字，和这些符号极其类似。由后以例前，也就如黄河下游以溯源于星宿海，彩陶上的那些刻画记号，可以肯定地说就是中国文字的起源，或者中国原始文字的孑遗①。”

也有不少学者乐观地认为，这些刻画符号就是古文字。著名古文字学家于省吾对这些符号进行了考释，他认为╳就是“五”字，┼是“七”字，|是“十”字，‖是“二十”，T是“示”字，“玉”写作“丰”，“矛”写作“个”，草作“Ψ”，阜作“𨸏”等。他说：“我认为这是文字起源阶段所产生的一些简单文字②。”台湾学者李孝定也持同样的看法③。此外一些学者或者认为在半坡符号中有部分数字符号，或者认为这些符号是汉字的原始形态，与汉字文字体系的形成有密切关系等④。

也有一些谨慎的研究者提出，这些符号还不能算作是

---

① 郭沫若:《古代文字之辩证的发展》,《考古学报》, 1972 年第 1 期。

② 于省吾:《关于古文字研究的若干问题》,《文物》, 1973 年第 2 期。

③ 李孝定:《中国文字的原始与演变》,《中央研究院历史语言研究所集刊》, 第 45 本, 第 2、3 页, 1974 年;《再论史前陶纹和汉字起源问题》,《中央研究院历史语言研究所集刊》, 第 50 本, 1979 年。

④ 王志俊前引文; 陈炜湛:《汉字起源试论》,《中山大学学报》, 1978年第1期; 张光裕:《从新出土材料重新探索中国文字的起源及其相关问题》,《中华研究所学报》第十二卷, 香港中文大学, 1981 年。

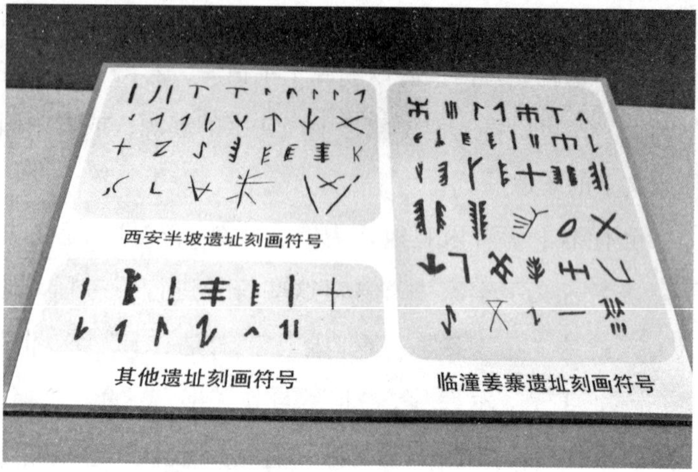

陶器刻画符号

文字。裘锡圭说："这种符号所代表的决不会是一种完整的文字体系。这一点是十分明显的。它们有没有可能是原始文字呢？可能性也非常小。我们丝毫没有掌握它们已经被用来记录语言的证据。从民族学的角度看，也难以相信原始社会时期使用的几何形符号会具有真正的文字的性质①。"

尽管分歧严重，但即使是否认这些陶器刻画符号是文

① 裘锡圭：《文字学概要》，第23页；又见《汉字形成问题的初步探索》，《中国语文》，1978年第3期；《究竟是不是文字——谈谈我国新石器时代使用的符号》，《文物天地》，1993年第2期。另汪宁生：《从原始记事到文字发明》，《考古学报》，1981年第1期；高明：《论陶符兼谈汉字的起源》，《北京大学学报》，1984年第6期，亦持相似的观点。

字的学者，也承认，这些符号绝大多数都出现在同一种陶器的同一部位，很有规律，有些符号不仅出现在很多器物上，还出现在不同的遗址里。因此，这些符号，“至少是其中的一部分，很可能已经比较固定地用来表示某些意义了”①。只是人们对于这种意义是否就是对语言的记录，还有不同的判断。

与西安半坡相似的陶器刻画符号，不仅出现在仰韶文化半坡类型的陶器上，在相近的时代，考古工作者在甘肃秦安大地湾一期文化中也发现了一些。而1986年在安徽蚌埠吴郢双墩村发现的陶器刻符，除了动物纹、植物纹外，还有146例59种刻画符号。据整理者研究，这些符号“包括了狩猎、捕鱼、网鸟、种植、养蚕、编织、饲养家畜、记事与记数”等内容，“尽管仍是符号，却具备了文字的某些特征”②。这表明“至少在距今六七千年前，黄河和长江流域的许多地方的先民已具有一定水平的用符号记事或表现某些概念的能力”③。

---

① 裘锡圭:《文字学概要》，第23页。

② 徐大立:《蚌埠双墩新石器遗址陶器刻画初论》,《文物研究》总第5辑，黄山书社，1989年。

③ 李学勤:《中国古代文明与国家形成研究》，第146页，云南人民出版社，1997年。

此外，在晚于甘肃青海马家窑文化的半山、马厂类型，长江中游的大溪文化都曾发现过陶器上的刻画符号，这些符号的性质应与半坡符号的性质类似，都还不能确认为真正的文字。而那些在多个文化中都相似的符号，研究者认为，“由于构成几何形符号的要素比较简单，不同地区的人很容易造出相同的符号来。这种同形的符号，其意义往往并不相同”①。因此，我们并不能因这些简单的几何形符号的相似，认定不同地区之间已经使用相同的文字。

（二）象形符号

如果说类似仰韶文化半坡类型的刻画符号还更多地属于“几何形符号”，对于汉字的贡献可能还局限于某些与数字有关的“记号”的话，20世纪60年代，考古工作者在大汶口文化的一些陶器上也发现了符号，这些符号由于具有相当的象形程度，构形手段也更与甲骨文相似，它们与汉字的关系恐怕要更为“亲密”。

现已发表的大汶口文化刻写的象形符号共有17例9种，用笔绘写的有1例1种，共达18例10种②。关于这些

① 裘锡圭:《文字学概要》, 第24页及37页注⑧。
② 李学勤:《中国古代文明与国家形成研究》, 第150页。

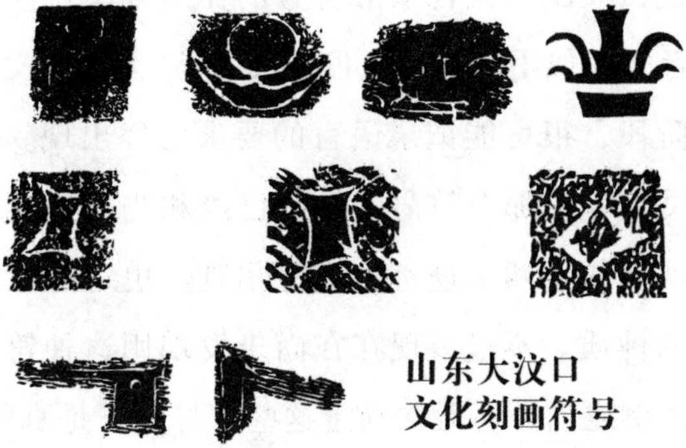

大汶口刻画符号

符号的性质，学者们之间也存在不同的意见。其中仍有认为大汶口文化的刻符还不是文字的看法。如汪宁生《从原始记事到文字发明》和陈国强《略论大汶口墓葬的生活性质——与唐兰同志商榷》，都认为这些还是属于图画记事性质的符号①。

裘锡圭则采取了较为折中的意见，他认为“就已有的资料来看，的确还不能证明这些象形符号已经用来记录语言。但是，仰韶、马家窑等原始文化的几何形符号，跟作为古文字基础的像具体事物之形的符号，显然属于

① 前者为《考古学报》，1981年第1期；后者为《厦门大学学报》，1978年第1期。

不同系统；大汶口文化象形符号的作风则跟古汉字很相似。二者之间似乎不会一点没有关系。”大汶口文化所处的历史阶段，很可能记录语言的要求已经出现。而唐兰释作“炅”字的那个符号，结构已经相当复杂，并且还在陵阳河、前寨两个遗址中重复出现，也可能已经具备了文字的性质。不过，现在在尚未发现用这种符号记录语言的实例之前，还无法确定这些符号是不是真的文字。由此，裘先生提出了自己的观点：“如果说大汶口文化象形符号可能曾与原始汉字同时存在，相互影响，或者曾对原始汉字的产生起过一定的作用，距离事实大概不会太远①。”

但大多数研究者都更倾向于“这些符号就是原始文字”的明确意见。于省吾、唐兰、李学勤等并都著文考释，认为大多数符号可以一一释读。例如“”、“”、“”，唐兰分别释作“斤”、“戉”和“”字，李学勤又释“”、“”为“封”字、“皇”字。分歧较大的是符号“”，于省吾、邵望平释作“旦”，认为是由日形、云气形和五峰的山形三个偏旁共同组成的会意字；唐兰和李学勤释作“”、

① 裘锡圭:《古文字概要》，第25页。

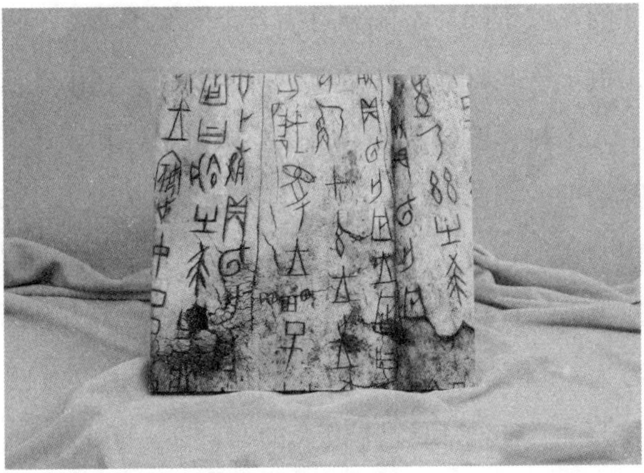

原始文字

“炅”；田昌五则认为是“日月山”，为古代太昊族的族徽符号①。

对于这些符号应为原始文字的证据，李学勤提出了四点看法：（1）同后世的甲骨文、金文形状结构接近，一看就产生很像文字的感受；（2）只见于特定器种，而且在器外壁的一定位置上，与金文在器物上的位置类似；（3）象形而有相当程度的抽象化，不是直接如实的描画；（4）与

① 于省吾：《关于古文字研究的若干问题》，《文物》，1973年第2期；唐兰：《关于江西吴城文化遗址与文字的初步探索》，《文物》，1975年第7期；李学勤：《论新出大汶口文化陶器符号》，《文物》，1987年第12期；邵望平：《远古文明的火花——陶尊上的文字》，《文物》，1978年第9期。

装饰性的花纹不同，不能分解为若干图案单元。王振中更指出，由于这些符号尤其是“[illegible]”或“炅”，在山东莒县陵阳河、大朱村、诸城前寨、安徽蒙城尉迟寺和湖北天门石家河等遗址的陶器上，甚至在良渚文化的玉器上，都曾一再出现，说明这些符号已经通行于相当广大的区域范围，应该视为已经具有文字的性质①。

与大汶口文化中晚期的时代相近，良渚文化出现的刻写符号也引起了研究者极大的兴趣。一方面，据称良渚文化玉器上现已发现了 11 种符号，其中 5 种和大汶口文化陶器符号相同或者相近。其中有被释读为“岛”字的图形，图像作一只鸟侧立于山之上。另有释作“炅”字的，图形或与大汶口文化所见相似，亦有“炅”字中填有云纹和线条的。李学勤根据《尚书·禹贡》的记载，认为“岛”字很有可能与古代滨海的民族被称为“岛夷”有关②。“炅”字在良渚文化和大汶口文化中都有出现，有研究者因此认为这可能“标志着对于辰星大火的祭祀和施行

---

① 王震中:《中国文明的起源与早期国家形成途径的思考》, 李学勤:《中国古代文明与国家形成研究》第一篇, 第 155 页。相似的意见亦见于李学勤、郭志坤:《中国古史寻证》, 第 319—320 页。

② 李学勤:《重新估价中国古代文明》,《先秦史论文集》(《人文杂志》专刊), 1982 年版。

大火历的文化传统，从古夷族向古越族的传播”①。

（三）多符号并刻

另一方面，20 世纪 70 年代之后，陆续发现多个符号并刻在同一陶器上的情况。这为证明陶器上的刻画符号与语言的关系提供了非常珍贵的资料。例如，在一件江苏苏州澄湖出土的黑陶罐的腹部，发现了 4 个并列的符号，它们“在结构和书写特征上都十分接近古汉字的风格”②。80 年代，余杭南湖出土的黑陶罐上，发现连续相刻多个符号③。此外，在 1940 年由收藏家弗利茨·比勒芬格在杭州附近收购后藏于美国哈佛大学沙可乐博物馆的一件灰黑陶贯耳壶上，也有多个符号并列而刻④。

多个符号在同一件陶器的上并列而刻的现象，使这些符号是记录语言的文字的可能性大大增加了。李学勤根据

---

① 王震中：《中国文明的起源与早期国家形成途径的思考》，李学勤：《中国古代文明与国家形成研究》第一篇，第 165 页。

② 王震中：《中国文明的起源与早期国家形成途径的思考》，李学勤：《中国古代文明与国家形成研究》第一篇，第 157 页。张明华、王惠菊：《太湖地区新石器时代的陶文》，《考古》，1990 年第 10 期。

③ 余杭县文管会：《余杭县出土的良渚文化和马桥文化的陶器刻划符号》，《东南文化》，1991 年第 5 期。

④ 李学勤：《海外访古记（一）》，《文物天地》，1993 年第 2 期。

古文字的释读规律，将苏州澄湖发现的四字陶文释为“巫戌五俞”。巫即神巫；戌象钺形，是“钺”字的本字；俞，陶文写作“个”，同“偶”。“巫戌五俞”，就是神巫所用的五对钺①。至于藏于美国哈佛大学沙可乐博物馆的贯耳壶上的符号，饶宗颐认为是9个字，即“孑孓人土宅（厥）肱……育”，是关于古代“奇肱民”的记载②。无论这些释读是否完全正确，它们都说明这些符号有可能就是记录语言的文字。而这些多字陶文在良渚文化黑陶上的出现，表明在当时太湖流域的某些地区，符号已经进化到了可能记录简单语句的程度了。

良渚文化多字刻符会是距离古汉字甲骨文最近的发展阶段吗？ 1992年发现的一小片残陶片，引发了学术界的浓厚兴趣和极大争议。当年，山东大学历史系考古实习队在山东邹平县丁公村龙山时代遗址的出土物中，意外地发现了一件刻有11个书写符号的陶片。该陶片属“泥质磨光灰陶，为近直壁大平底盆的底部残片，陶片宽3—3.4，

---

① 李学勤：《良渚文化的多字陶文》，《苏州大学学报·吴学研究传记专辑》，1992年。

② 饶宗颐：《哈佛大学所藏良渚黑陶上的符号试释》，《浙江学刊》，1990年第6期。

长 4.6—7.7，厚 0.35 厘米。于内面刻有 5 行（竖行）11 字，右起第一行为 3 个字，其余 4 行每行 2 个字。另外在左上角有一刻画极浅的符号，疑为一字，左下角有一刻画短线伸出陶片之外”。发掘报告认为，陶文是“烧后刻写，并且最大可能是刻写在陶片之上”的，其书体的显著特征是“多为连笔字”①。

半坡文化出土陶片上的“K”

龙山文化丁公陶文的发现，是继良渚文化多字陶文之后的又一大发现，学者们大多同意这些符号是文字。但是对于这些连笔书写的文字在文字发展进程中所处的历史阶段及其与古汉字的关系，研究者的观点却差异极大。

一类观点认为它与古汉字属于同一体系。如李学勤认为丁公陶文的连笔特征表明它是“当时的俗体”。严文明先生认为“有理由认为它是一个完整的文书”。田昌五建

① 山东大学历史系考古专业：《山东邹平丁公遗址第四、五次发掘简报》，《考古》，1993 年第 4 期。

议将此和良渚文化多字陶文称之为“陶书”，更提出“在商代之前，很可能有一个以陶器为书写材料的‘陶书时代’”的观点。张学海也认为丁公陶文“和大汶口陶器文字、甲骨文，都可能同属汉字方块字体系，代表了古汉字发展的一个重要阶段”①。

另一类观点则认为丁公陶文与古汉字不属于同一体系。例如俞伟超认为它和“商代甲骨文，很可能是两种文字”，它们之间“不见得是一脉相承的”。王恩田因此提出“丁公陶文是东夷文化系统文字”的观点②。而高明认为，丁公陶文不仅与商周时代的甲骨、金文等不是一个系统，就连与城子崖龙山时代的陶文和大汶口文化的陶文也没有任何共同之处。裘锡圭也持相近的观点，他认为，丁公陶文是“走入歧途的原始文字”，并“不是一种处于向成熟的文字发展的正常过程中的原始汉字”。因而高明和裘锡圭都将丁公陶文看作“已被淘汰的古文字”③。日本学者松丸道雄也并不认为甲骨文是由此发展而来的，但他认为甲骨文与丁公陶文有“远亲”的关系。丁公陶文可以称之为

---

① 《专家笔谈丁公遗址出土陶文》,《考古》, 1993 年第 4 期。

② 《专家笔谈丁公遗址出土陶文》。

③ 《专家笔谈丁公遗址出土陶文》。

"龙山文字"，它应该是比甲骨文更古的汉字的祖型。西田龙雄则认为这恐怕还不能算是文字，还处于文字形成之前的阶段，可能近似于模仿跳舞的图画文字。伊藤道治把丁公陶片看作是类似于甲骨文中的"神名表"，是用描画神的姿态以团结各人群集团，因而不是文字①。

此外，对丁公陶文（片）怀有置疑态度的学者也不在少数。由于该陶文刻写在陶器烧制之后，书体采用连笔，在现已发现的古汉字资料中极为特殊，加上是在发掘品室内整理的时候才发现的，因此甚至有人怀疑是否是参与工作的人员的戏作。不论争论如何，正如日本学者小南一郎指出的那样，"只发现了一片残的陶片，很难作为符号或文字的决定性证据②。"丁公陶文的性质到底如何，还有待更多新资料的证明和进一步讨论。

最早的汉字是怎么样的？古汉字是怎样形成的？尽管我们已经发现了仰韶文化、大汶口文化、良渚文化、龙山

---

① 《关于山东省出土"陶文"的三说》,《AERA》(アエテ)1993年2月23日，第8—13页(日文)。转引自王震中:《中国文明的起源与早期国家形成途径的思考》，第178—180页。

② 《关于山东省出土"陶文"的三说》,《AERA》(アエテ)1993年2月23日，第8—13页(日文)。转引自王震中:《中国文明的起源与早期国家形成途径的思考》，第178—180页。

文化这些不同考古学时代的若干刻画符号资料，也进行了大量的讨论，但距离汉字起源问题的真正解答，还有很大的差距。这不仅需要等待更多新资料的发掘，也许还需要从研究方法上有一些新的突破。

仰韶文化彩陶残片

但综观现已发现的资料，不难看出：仰韶时代各地众多的几何符号的出现，意义虽不一定统一，却有可能为汉字中的诸如数字之类的记号性文字奠定了基础。大汶口文化、良渚文化的刻画符号象形程度较高，且出现复杂的结构，其象形的形式和构形的方法都与后来的甲骨文有类似之处，它们很可能处于发展为古汉字的直接途径之上。这类符号往往刻于某一陶器的固定部位或玉器之上，这类器物与先民礼仪祭祀仪典有非常紧密的联系，其所象之形也与祭祀仪典之类关系密切，可以揣测最早的汉字的产生是和礼仪祭祀分不开的。此外，各种刻画符号在各地各考古学文化中被发现，这一现象说明：古汉字的起源很可能是多元的，有些似被后世的甲骨文所继承，有些甚至可能被淘汰。这一点，从另一个角度也暗示了中国远古文明的多元起源。

再者，从简单的刻画符号到很可能记录语言的多符号并刻，再发展到能够明确记录历史的文字体系，汉字起源的过程，也充分说明：中华先民为此付出了长期、艰辛的创造性劳动。

（黄爱梅）

三　史前美术

艺术是人类共同的情感寄托。原始先民在与恶劣的生活环境做斗争时，也在自觉或不自觉地创造着他们自己的艺术。这些原始艺术一方面是当时人们生活的间接反映，另一方面又带有某种神秘的难以言喻的性质。原始先民主要的艺术表现形式之一是美术。史前美术记录了原始先民的生活状况和他们的审美价值，是他们根据已有的条件加上自己的聪明才智积极进行创造的结晶。当时，与他们日常生活关系最密切的就是陶器和周围的岩石等器物，这就成为他们进行美术活动的常用载体，从而创造了精美的陶纹饰和岩画。

（一）气韵生动的陶纹饰

进入新石器时代之后，陶器被广泛地大量运用，成为与人们的日常生活密不可分的用具。因此，陶器的发明有时被看作是新石器时代的重要标志。正因为陶器与人们有着如此密切的关系，所以陶器的装饰就成为人们所要考虑的问题。陶器的装饰也有一个发展的过程。起先，人们是不在陶器上面画彩的，因为那时的陶器制作比较简陋，不容易施色。所以，最初的陶器一般都是刻画纹或是拍印纹等，其他的纹饰很少见。当有了陶窑并掌握了一定的火候之后，陶纹饰的种类才渐渐多了起来。

我国新石器时代的彩陶艺术，成就卓越，具有浓厚的生活气息和独特的艺术风格。彩陶纹饰的绘画题材大多取材于生活。原始社会的先民们在日常生活和劳动中，观察到自然界的植物、飞禽、走兽等等，获得了艺术创作的源泉。他们大胆地发挥了自己的想象力，把自然事物提炼为

大汶口文化彩陶

艺术形象，用简单的几笔就描绘出许多形象美观、变化丰富的陶器花纹。

这些花纹，是原始先民的生活和他们的审美价值的表达，为我们提供了了解原始先民的感性材料。“比较起其他原始艺术门类来，陶器（彩陶和黑陶）装饰艺术因为有物质外壳的依托得以完整地把原来的面貌保存下来，是弥足珍贵的。由于其造型、纹饰、图画和色彩的运用，陶器装饰艺术不仅在艺术上达到相当的高度，构成我国文化发展史的一个重要阶段。而且对于了解和研究我国原始社会的人类生存状况、社会组织的发展和原始思维的进化，提供了不可或缺的重要资料”①。

大体说来，陶纹饰可以简单地分为这样几种：动物纹、植物纹、人物纹、几何纹等。从整体上来看，写实性的纹样相对较少，而抽象性的纹样相对较多。

动物纹

新石器时代陶器上的动物纹是比较多的。这可能是因为动物是当时人们生活的主要来源之一，与人们的关系极

---

① 刘锡城:《中国原始艺术》，第 117 页，上海文艺出版社，1998 年。

其密切。再者，一些动物被原始先民当作图腾崇拜，也就有比较神圣的意义。从现存的陶器来看，常见的动物纹是鱼纹、鸟纹、蛙纹、鹿纹、猪纹等纹样。而仰韶文化的动物纹则是最典型的。

鱼纹在仰韶文化中有很多发现，如半坡类型和庙底沟类型中的鱼纹都是很有特色的。联系到在发现陶器的墓葬中还发现许多鱼钩等捕鱼工具，可以知道，鱼在他们生活中的地位是多么重要，他们把熟悉的鱼作为纹饰绘在陶器上也就可想而知了。鱼纹有单体鱼纹和复体鱼纹。单体鱼纹画面很简单，但寥寥几笔却能把握鱼的特性，形象活泼，线条也比较恰当，有一种稚拙之美，如果没有很深的观察和体验是很难画出来的。复体鱼纹或两两并行，或三个一组，线条流畅，比例虽有些夸大，但却生动自然。最有特色的是两鱼四首的纹样，每条鱼有两个反方向的鱼头，两条鱼合在一块就有四首，并且是反方向游行。图中的鱼显得十分凶恶，正张大嘴巴向前猛冲，似是在捕食。“这种结构所获得的艺术效果，实际正是欧洲进入 20 世纪以后艺术家们所追求而望尘莫及的”①。

---

① 郑为:《中国彩陶艺术》, 第 8 页, 上海人民出版社, 1985 年。

半坡文化单鱼纹盆

半坡文化双鱼纹盆

最有争议的就是人们熟知的“人面鱼纹盆”了。这种图形是由人面和鱼纹组合在一起的，但并不是单纯的鱼纹。图中有一个人的面容，额为黑白两色，也有全黑的。奇怪的是它的耳朵由两条鱼充任。在这一种图形的头部和嘴部，有锯齿形状的东西围了起来，也有直接变为一圈黑点的。对此种图形的解释，自20世纪50年代以来就有争论。总起来说有这样几种观点：（1）这种图形是一种图腾标志；（2）它反映了人们对生殖的祝福，即祈求多生子；（3）人面鱼纹是一种龙虱或鱼娘之类的水虫；（4）图形是一种巫术仪式，反映了人们想猎取更多鱼的愿望；（5）图形反映的是天外来客；（6）图形反映了已失传的神话传说；（7）图形是“福”字的图画文字；（8）图形有希望捕到更多鱼的意思，是对当时人们渔猎的祝福①。《西安半坡》的作者认为：

① 张云：《半坡遗址三十年研究综述》，《文博》，1989年第2期。

人面鱼纹盆是一种图腾标志，当时的人把鱼作为祖先崇拜，鱼是半坡人的图腾祖徽①。刘锡城也同意这种观点②。有人指出这种观点是站不住脚的，并且提出了非常有力的证据，认为半坡文化遗址中同时有大量鱼钩、鱼叉和石网坠等渔猎工具的出土，说明鱼类是半坡人的重要食物之源，仅以这一点就足以否认半坡人以鱼作为他们的图腾物，因为图腾崇拜是禁止杀害图腾崇拜物的③。苏秉琦也说："半坡那种绘有人面鱼纹之类的彩陶，反映的已不再是图腾崇拜，已超越了图腾崇拜的阶段④。"这些说法具有说服力。张晓凌同意"它（人面鱼纹）为原始宗教活动中经过装饰的人面形象"的看法，即是一种文身的形象⑤。近年来，不少学者一直对这一问题有兴趣，提出了许多个人见解。有人注意到了人面鱼纹嘴角部位的带锯齿状的圈纹，认为它是女子阴部的象征，图画表明一个小孩正在出生，是祈求生育

---

① 中国科学院考古研究所、陕西省西安半坡博物馆：《西安半坡》，第217—218页，文物出版社，1963年。

② 刘锡城：《中国原始艺术》，第161页，上海文化出版社，2001年。

③ 蒋书庆：《破译天书：远古彩陶文化揭秘》，第115页，上海文化出版社，2001年版。

④ 苏秉琦：《关于重建中国史前史的思考》，《考古》，1991年第1期。

⑤ 张晓凌：《中国原始艺术精神》，第70页，重庆出版社，1992年。

的意思[①]。有人分析了人面鱼纹头部黑白色彩的变化还有图像周围的芒刺状的圈点，认为这一图像正好是月亮的形象，“清楚地反映了月相的变化周期”[②]。还有人综合分析了半坡类型和庙底沟类型出现的人面鱼纹，并且结合出现人面鱼纹的陶盆的用途，得出了全新的看法，认为人面纹是太阳的象征，其嘴角部位的阴阳形状是寒热交替的意思，整个图形是四季变化的表示，“所以，半坡彩陶人面鱼纹等系列花纹样式，是以历法表现的特征而存在的，半坡、姜寨这相距遥远的两地部落都用同一种历法，因而出现了相近的花纹样式。半坡类型的这类彩陶多为儿童瓮棺之用，说明人们以太阳初升观念来表达对儿童早逝的悼念，以及对儿童复生的乞求与祝福”[③]。

山西省襄汾县塔尔山西麓的陶寺龙山文化墓地中，发掘出了一件彩绘蟠龙纹陶盘[④]。从盘中我们可以看到一条似鱼似蛇的动物，它蜷曲成一团，嘴里叼着一片水草，并且有两排锋利的牙齿。它的身躯上绘着粗黑的鳞斑，一节一

---

① 李仰松：《仰韶文化婴首鱼纹陶盆考释》，《北京大学学报》，1991年第2期。

② 陆思贤：《神话考古》，第121页，文物出版社，1995年。

③ 蒋书庆：《破译天书：远古彩陶文化揭秘》，第60页。

④ 《1978—1980年山西襄汾陶寺墓地发掘报告》，《考古》，1983年第1期。

鱼鸟纹彩陶壶

节，依稀可见，简直就是现在黑鱼的样子，习称“鱼龙”。苏秉琦说：“陶寺大墓殉葬成套礼乐器、漆木器，反映了比红山文化更高一级的国家形态[①]。”王克林认为陶寺墓地是夏早期或夏以前的墓地，这条鱼龙应与夏文化的起源有关[②]。李修松也有类似的观点[③]。陆思贤据此进一步论证，认为陶寺鱼龙与“鲧”的神话吻合，他说鲧是夏至日到冬至日的晷影神（立杆测影以定季节之神），鱼龙作分节状，表示了晷影的分段分节；而鱼龙嘴里的水草，是晷影上的一道白光，变成神话就是“鲧妻修己”之所出。“修己”是长蛇，指的就是夏至日到冬至日的晷影[④]。

河南临汝阎村出土——鹳鱼石斧纹彩陶缸

① 苏秉琦：《中国文明起源新探》，第 123 页，三联书店，1999 年。
② 王克林：《龙图腾夏同族的起源》，《文物》，1986 年第 6 期。
③ 李修松：《陶寺遗址出土彩绘图案考释》，《齐鲁学刊》，1995 年第 1 期。
④ 陆思贤：《神话考古》，第 323—324 页，文物出版社，1995 年。

鸟纹也是较常见的纹饰，半坡、庙底沟、马家窑等文化类型中都有发现。庙底沟类型的陶器上，装饰的鸟纹最多，陕西华县柳子镇泉护村、华阴西关堡、河南陕县庙底沟和山西芮城大禹渡等出土的陶片上都有鸟纹的发现①。鸟纹与鱼纹在很多地方往往结合在一起，有三件有意思的鸟纹与鱼纹混合在一起的纹饰。发现于陕西姜寨仰韶文化的一件彩陶瓶上，其纹饰被称为“鱼鸟组合纹”②。整个图画有很强的装饰性，鸟和鱼都生动传神，特别是鸟，虽然只有头形，但也显得颇有活力。发现于宝鸡北首岭陶瓶上，被称为“水鸟衔鱼图”③。图中，一只鸟正叼着一条鱼，鸟紧紧捉住鱼不放，而鱼好像负伤，正忍痛挣扎。鸟以较粗的线条绘成，显得流畅，而鱼张着的嘴、背上竖立的鳍都充满了动感。整幅画面形象生动，富有力度，“可以看出，一种新的造型因素——动感在这个图示中产生了”④。有人认为这幅图画有某种宗教意义，因为鸟是天上飞的，鱼是水中游的，水鸟鱼纹象征着沟通天地⑤。出土于河南临

① 刘锡城:《中国原始艺术》，第137页，上海文艺出版社，1998年。
② 《姜寨》，文物出版社，1988年。
③ 《宝鸡北首岭》，文物出版社，1983年。
④ 张晓凌:《中国原始艺术精神》，第73页，重庆出版社，1992年。
⑤ 刘方复:《“鸟衔鱼纹”析》，《文物天地》，1991年第2期。

汝阎村一瓮葬陶缸的表面，被称为“鹳鱼石斧图”①。此图已是一幅比较成熟的绘画作品了，它由两部分组成。左面是一洁白的鹳鸟叼着一条鱼，鸟正向后用力，显得神闲气定，成竹在胸。鹳鸟的眼睛特别凸出，富有神采，线条极其自然流畅，而鱼的形象也很到位。画的右面是一把大石斧，中间有一“X”形的标志，斧柄网格状的东西可能是用来垫手的缠绕物。“画中物象一静一动，形成了鲜明的对比，而整幅画布局上相呼应，笔墨上色彩兼备，意境上形神俱佳，被评论者誉为‘神品’”②。这幅图画引起了研究者极大的兴趣。严文明认为，陶缸埋葬的应是一位部落酋长，石斧是酋长的权标，而白鹳为图腾的部族打败了以鸟为图腾的部族，为了纪念白鹳所属部族酋长的功绩，后人就绘制了这一幅画作纪念③。刘敦愿④、刘锡城⑤都同意这种看法。但也有人认为，鱼与鸟没有图腾的性质，只有沟通天地的功能，与具有权标性质的石斧协助死者灵魂升天。

---

① 《临汝阎村新石器时代遗址调查》,《中原文物》, 1981 年第 1 期。

② 林少雄:《人文晨曦: 中国彩陶的文化读解》, 第328页, 上海文化出版社, 2001 年。

③ 严文明:《鹳鱼石斧图跋》,《文物》, 1981 年第 12 期。

④ 刘敦愿:《也谈〈鹳鱼石斧图〉的含义》,《文物天地》, 1991 年第 5 期。

⑤ 刘锡城:《中国原始艺术》, 第 157 页。

马家窑文化——蛙纹彩陶壶

蛙纹在黄河中上游广大地区的彩陶装饰艺术中较为常见，且形象丰富多样。蛙纹由写实性逐渐向抽象性转变，几何化越来越浓厚。“由写实的、生动的、多样化的动物形象演化而成抽象的、符号的、规范化的几何纹饰这一总的趋向和规律，作为科学假说，似有成立的足够根据”①。蛙作为一种纹饰在很多地方都有发现，可能内含其他更深的因素。有人认为，蛙是作为氏族图腾或氏族标志而存在的②。有人分析了马家窑文化彩陶上的蛙纹，认为这些蛙纹与夏鲧神话相吻合，甘青两省的马家窑文化，应与夏民族起源有关③。也有人

马家窑文化——变体神人彩陶罐

① 李泽厚：《美的历程》，第 25 页，文物出版社，1981 年。
② 石兴邦：《有关马家窑文化的一些问题》，《考古》，1962 年第 6 期。
③ 陆思贤：《神话考古》，第 147—148 页，文物出版社，1995 年。

认为“(姜寨遗址内的青蛙和小鱼)可能隐含着一个古老的创世神话的意想。青蛙和鱼可能是某个悠久历史的氏族和部落先民们神话中创世的大神，他们在混沌未开中创建了宇宙”①。

鹿纹和猪纹也是很有特点的纹饰。绘制于一件半坡陶盆的内壁，共有等距离的三只鹿。三鹿长颈、有角、短尾，鹿身涂彩，笔法简洁，宛如近代的剪纸一般②。猪纹在河姆渡遗址、大汶口、辽宁敖汉旗小河沿南台地遗址都有出土。出土于河姆渡一陶钵上，猪的形象逼真生动，特别突出了长长的嘴部。有人认为猪腹部的重圈疑为太阳纹，或与太阳崇拜有关，或认为猪纹所属的部落是以猪为图腾的民族③。也

半坡文化出土鹿纹盆

河姆渡文化出土猪纹陶钵

① 刘锡城:《中国原始艺术》，第434页，上海文艺出版社，1998年。
② 刘锡城:《中国原始艺术》，第135页。
③ 刘锡城:《中国原始艺术》，第135页。

有人认为“猪的腹部画有重圈纹，应表示天象的日月星辰。无疑，在先民们的观念中，猪具有天神的神格，其大肚子便是象征天地还未分开的‘豨韦（元气之母胎）’”①。

贴塑壁虎纹罐

河南陕县庙底沟出土的仰韶文化残陶片上的壁虎纹、甘肃彩陶上的鲵鱼纹、小山遗址尊形器上的鸟兽纹也都是很出色的动物纹饰。

除陶器绘制动物纹外，当时在骨器上也有动物纹饰，如河姆渡出土的骨匕上有鸟纹。

植物纹

植物纹饰在河姆渡文化中发现的多一些。从图片中我们可以很清楚地看到植物纹饰的刻画形象，都比较写实，是对实存植物的模拟。图片上面是以稻穗形状的纹样，可见种稻在河姆渡已得到普及，反映了当时农业的发展。这些刻画虽然粗糙，但却反映了当时人们的生产生活情况。

---

① 陆思贤:《神话考古》, 第 24 页。

河姆渡稻穗纹陶钵

半坡类型中植物纹饰较少出土，只在一残破陶片上发现了两例树形纹。庙底沟类型中有较多的花卉植物纹。花卉纹其实已比较抽象，并不是写实性的，因此，苏秉琦先生曾分析过花卉纹具体何所指。他进而认为庙底沟类型的花卉纹图案分布中心在华山附近，而传说华族曾活动于此，因此华族可能就是从庙底沟类型的花卉纹中得名的[①]。另外，在大汶口也发现了较多的植物纹，或像稻谷或像叶子或像花瓣。还有一些把植物纹与几何纹构思在一起，构成装饰纹样[②]。

人物纹和几何纹

新石器时代甚少发现人物纹，因此显得珍贵。到目前为止，所发现的人物纹中，最著名的是“舞蹈纹彩陶盆”。此陶盆1973年出土于青海大通孙家寨，属马家窑类型。

---

① 苏秉琦:《苏秉琦考古学论述选集》, 第188页, 文物出版社, 1984年。
② 刘锡城:《中国原始艺术》, 第145页。

在陶盆的内腹壁绘制着正在舞蹈的人物，每五人一组手拉手，共三组十五人，用弧线状线条加一片状的线条分开。最可注意的是在人物的头上和腿部有类似飘带的东西。从画面中可以看出，图中的人物正在欢快地跳着舞蹈，富有动感和审美价值。对这一图画的看法存在争议。大体来说，有这样一些意见：（1）认为当时的人们在劳动之暇，在大树下、小湖边或草地上集体劳动跳舞和唱歌①；（2）认为是人们观察到鸟兽形态而创造的乐舞，具有希望狩猎取得丰硕成果的思想内容②；（3）认为这些仍然是图腾活动的表现，具有强烈的巫术作用和祈祷功能③；（4）认为跳舞者为女性，像是为期待生产丰收而举行的某种仪式活动，是载歌载舞的欢乐舞蹈④；（5）认为图画中的片状物是鱼纹的变体，弧线纹是雨水的象征，而飘带是一种鸟装，应表示风调雨顺，为秋后庆丰收的舞蹈⑤；（6）认为展示了日月的周期，展示了周年阶段季节划分的重要特征。周年回归测

---

① 青海文物管理处考古队：《青海大通县上孙家寨出土的舞蹈纹彩陶盆》，《文物》，1978 年第 3 期。

② 金维诺：《舞蹈纹彩陶盆与原始舞乐》，《文物》，1978 年第 3 期。

③ 李泽厚：《美的历程》，第 13 页，文物出版社，1981 年。

④ 王克林：《彩陶舞蹈图案辨疑》，《考古与文物》，1986 年第 3 期。

⑤ 陆思贤：《神话考古》，第 325 页。

算是一件大事，有其相应的祭祀大典，也有一定歌舞活动的盛行，是祈年祭祀的舞蹈①。类似这样的舞蹈纹在甘肃会宁牛门洞也有发现②。

舞蹈纹彩陶盆

在青海还发现一些人面彩陶雕塑，很有特色，如在一件彩陶壶的瓶颈捏塑着一男性人头，眉目、耳朵、鼻子都比较清晰，嘴微微张开。在陶壶的腹部塑着人头的身体，有两个比男性大得多的乳房，身体下部塑着男阴和女阴的混合体，两只细长的手护在腹前。在人像的两侧有网格状的纹饰，下面是一圈水纹，后面是蛙纹覆盖器体。这件阴阳合体的彩塑引起了很多人的兴趣。有人认为，这一阴阳人表现的是当时氏族部落崇敬的、先天具有神性的沟通天地能力的特殊萨满，当时的人们认为蛙具有通天的神性，这种人和蛙互相拥有对

---

① 蒋书庆:《破译天书: 远古彩陶文化揭秘》, 第 307—308 页。

② 薛仰敬:《原始舞蹈图像的又一实例——甘肃会宁牛门洞所出的舞蹈纹彩陶盆》,《文物天地》, 1999 年第 6 期。

方形态的表现形式，实际上体现的是人和蛙相互转型①。李仰松②、宋兆麟③都认为这个阴阳人是一个沟通天地的巫师形象。也有人认为，这种造型方式恰以隐晦的方式反映了母系制度向父系制度过渡的历史变迁，就是说是男性向女性夺权的历史表现④。还有人认为，图中的人物是在跳“于菟舞”（一种虎舞），可以解释为女娲（生育神），又可以解释为西王母（死神），是一种生死不息观念的象征⑤。这个器形纹饰表现的是“雌雄同体的一种文化”，是人类的性别心理中男女两性同体的潜在倾向与欲望的反映，男女两性同体还意味着原始先民阴阳观念的形成和对阴阳平衡的不懈追求⑥。蛙纹、波折纹是人格化太阳神灵的象征，两侧为太阳圈纹，为太阳往来四季之分的寓意象征，以男女极巧妙地类比天地阴阳的交替变化⑦。在马家窑文化中，在陶

① 孙其刚：《阴阳人彩陶壶的萨满教寓意》，《文物天地》，1991年第3期。

② 李仰松：《柳湾出土人像彩陶解》，《文物》，1978年第4期。

③ 宋兆麟：《巫与民间信仰》，第134页，中国华侨出版社，1990年。

④ 张晓凌：《中国原始艺术精神》，第84页，重庆出版社，1992年。

⑤ 陆思贤：《神话考古》，第115页。

⑥ 林少雄：《人文晨曦：中国彩陶的文化读解》，第295—302页，上海文化出版社，2001年。

⑦ 蒋书庆：《破译天书：远古彩陶文化揭秘》，第75页，上海文化出版社，2001年。

器上出现了蛙纹，是一单纯的人头像，以人头为中心散射开拟蛙纹的形状，特别是眼中垂下的两个黑线条，像是在哭泣。有人认为，这个彩陶罐是一套岁祭秋神的祭器，说明马家窑文化的先民们，秋祭白虎，以示冬半年白虎巡天，祭仪应有向天嘘啼仪，并向老虎哭泣，犹如祭先祖亡灵，西王母的形象也由此诞生①。也有人认为这是太阳神的象征，表示寒来暑往四季划分，波折纹为太阳升落起伏、周年回归寓意，锯齿纹为太阳光芒②。

20世纪20年代，瑞典考古学家安特生在甘肃临洮半山区购买到一件彩陶钵。在彩陶钵的内壁有一骨形状的纹饰。这一骨形纹饰用粗黑的圆圈作脸部形状，身体部位只画了几根肋骨形状的线条，两手伸开，两腿下垂，似乎在跳舞。有人认为是“巫觋式宇宙观”的一种表现形式③。

神人兽面纹琮

① 陆思贤:《神话考古》，第112页。

② 蒋书庆:《破译天书：远古彩陶文化揭秘》，第165页。

③ 刘锡城:《中国原始艺术》，第453页。

此外，还有神人兽面纹。如1986年余杭反山出土的良渚玉器上刻有与原始宗教相关的神人兽面纹。这反映了一种原始宗教形式。

几何纹

几何纹就是用直线、斜线、三角形、圆点以及波折状的线条等数种主要的元素，有规律地排列而组成的纹饰。常见的几何形纹饰有方格纹、网纹、波纹、三角形纹和圆圈纹等图案①。

马家窑文化几何纹单耳杯

几何形纹是新石器时代存在最多的纹饰，“和世界各民族完全一致，占据新石器时代陶器的纹饰走廊的，并非动物纹样，而是抽象的几何纹，即各式各样的曲线、直线、水纹、漩涡纹、三角形、锯齿纹种种”②。“就现有的考古学材料来看，最早的几何纹饰是老官台出土器物上的宽带纹

① 刘锡城:《中国原始艺术》，第145页。
② 李泽厚:《美的历程》，第17页。

或平行于口沿一圈或数圈的平行线纹。从口沿开始和由器物所造成的纹饰环绕的观念，已规定了几何纹饰的基本装饰部位和绕器形回转流变的基本造型定势”①。“关于这些几何纹的起因和来源，至今仍是世界艺术史之谜，意见和争论很多”②，“其实，仰韶、马家窑的某些几何纹样已比较清晰地表明，它们是由动物形象的写实而逐渐变为抽象化、符号化的。由再现（模拟）到表现（抽象化），由写实到符号化，这正是一个由内容到形式的积淀过程，也正是美作为‘有意味的形式’的原始形成过程”③。当然，其他纹饰也可能被几何纹饰所借鉴，植物纹、编

马家窑文化几何纹盆

崧泽文化灰陶编织纹壶

① 张晓凌：《中国原始艺术精神》，第 75 页。
② 李泽厚：《美的历程》，第 17 页。
③ 李泽厚：《美的历程》，第 18 页。

龙山文化印纹灰陶罐

马家窑回纹双耳罐

织纹等都含有几何化的因子。

几何纹饰在新石器时代的陶器上见得较多，可能是因为它比动物纹样更容易绘制，也有更强的装饰效果。几何形纹饰常绘于器物的口沿和腹部，单独的一种几何纹饰比较少见，往往把单独的几何形纹饰组合成二方或四方连续纹样。在连续纹样中，四方连续纹样的应用相对较少，最多的是二方连续纹样[①]。由单个几何纹饰合成一连续几何纹饰，纹饰的连续环绕依赖于每个纹饰的均匀分配、布局严整，从而使整个纹饰达到了均衡自然而又气象万千、韵致生动的效果。

上面的四种纹样是新石器时代常见的纹饰，此外还有编织纹、印纹、回纹、平行线纹等等，这里就从略了。

① 刘锡城:《中国原始艺术》, 第 149 页。

（二）神秘朴拙的岩画

岩画是指刻画在岩穴、石崖壁面及独立岩石上的彩画、线刻、浮雕等的总称[①]。全世界范围内都有岩画的发现，岩画的重要性已引起越来越多人的注意和研究。“旧石器时代以法国南部和西班牙北部的洞穴遗存为代表，……旧石器时代末期至新石器时代之后，岩画分布十分广泛，亚洲北部、西班牙东部、意大利南部、非洲南部和东部均有发现”[②]，“岩画，这些画在或刻在岩壁上的图像，已为世界各国学者和艺术家所重视，因为它是人类自我表述的创造性形式。从远古的狩猎时代到后来的原始部落，它记录了人类生存活动的连续性篇章，它触及了远古人们的哲学思想、宗教信仰、审美观念、经济盛衰、民族迁移等等，是人类早期社会重要的文化遗产”[③]。特别是许多岩画出现在人类有文字记载的历史之前，为我们认识和研究原始先民的生产生活以及审美理念提供了极其重要的材料。

---

① 《中国大百科全书·考古学卷》“岩画”条，第594页，中国大百科全书出版社，1986年。

② 《中国大百科全书·考古学卷》“岩画”条，第594页，中国大百科全书出版社，1986年。

③ 陈兆复：《中国岩画发现史》，第1页，上海人民出版社，1991年。

实际上，随着近年来岩画的大量发现，岩画正成为原始艺术的“显学”，“已使岩画成为一个新的研究领域，一个自成体系的独立学科”①。

据统计，世界上已有五大洲77个国家144个地区发现了岩画②。中国自20世纪50年代以来，岩画开始有了大量的发现。中国的东北、内蒙古、新疆、甘肃、宁夏、四川、云南、广西、江苏、福建、珠海以及港、澳、台地区都有岩画的发现。迄今为止，我国岩画绝大部分都发现在边疆少数民族地区，或古代少数民族聚居地区，大都是古代少数民族所为③。目前，我国已有18个省区100个以上的县（旗）都发现了岩画④。特别是20世纪80年代以来，随着中国岩画越来越多地被人知晓，中国岩画得到了世界的重视和关注。

中国的岩画不但分布广泛，而且绵延时间极长，从几万年的史前岩画到近代的岩画都有发现。当然，从整体来

① 盖山林：《岩画学刍议》，见《盖山林文集》，第24页，黑龙江教育出版社，1995年。

② 张跃东：《91国际岩画委员会年会暨宁夏国际岩画研讨会综述》，载《宁夏社会科学》，1992年第2期。

③ 陈兆复：《中国岩画发现史》，第23页。

④ 陈兆复：《中国岩画发现史》，第26页。

看，中国的岩画还是史前时期的为多。

关于中国岩画的分布，主要有两种意见。第一种是陈兆复提出的划分方法。他根据岩画分布的地区与内容风格，把中国的岩画分为北方、西南、东南三个系统。北方系统的岩画主要分布在内蒙古、新疆、宁夏、甘肃、青海，内容以动物为主，风格较写实，技法大都是岩刻。西南系统的岩画，主要分布在云南、广西、贵州、四川，内容以人物的活动为主，作品技法多为涂绘。东南沿海地区的岩画，分布在江苏、福建、广东、台湾和港、澳等地，内容以抽象的图案为主，都采用凿刻的技法①。另一种方法是高礼双提出的，他把中国的岩画分为北南两个群体，以河套地区周围众多旧石器时代为中心的北方岩画群体，包括青海、甘肃、山西、河套地区等黄河流域的岩画，其辐射范围可以东到连云港、台湾、香港，西到西藏和新疆，北至黑龙江以及苏联的东北亚、蒙古一直到美洲的岩画。以云南省元谋人和若干旧石器遗址为核心的南部岩画群体，包括南路的路南，西部的沧源、耿马、麻栗坡，东

① 陈兆复:《中国岩画发现史》, 第 79 页。

部的宁明、崇左，北部的贵州、四川等地的岩画①。大体说来，中国岩画可以分为北系和南系两部分，“南方的岩画多用牛血掺赤铁矿粉或树液掺赤铁矿、方解石、石英、高岭土粉末，涂绘到岩石上，经久耐用；北方的岩画则是用石、骨、金属工具在石头上磨、凿、敲、刻成画。内容表现以狩猎与游牧生活为主的社会意识形态”②。

关于岩画的另一个问题是岩画的断代问题。由于岩画制作年代久远，其中许多图像是比较独立的，没有一定的参照系确定其时代。再者，因为时间太久，许多岩画受破坏比较严重，已很难确定时代了。还有后起的岩画与先前的岩画往往重叠在一起，也给断代带来了困难。但总的说来，南方岩画较晚于北方岩画③。

本节主要根据陈兆复《中国岩画发现史》一书大体确定的属于史前时期的岩画，重点谈北部的内蒙古阴山岩画、甘肃祁连山岩画和南系的福建华安仙字潭岩画、江苏连云港岩画。

---

① 高礼双：《对中国岩画时代上限的初步探索》，《美术史论》，1988年第1期。

② 李祥石、朱存世：《关于岩画的几个问题》，《宁夏社会科学》，1991年第6期。

③ 陈兆复：《中国岩画发现史》，第361页。

北系岩画

北系岩画主要包括东北地区的牡丹江岩画，内蒙古地区的大兴安岭岩画、白岔河岩画、乌兰察布岩画、阴山岩画等；宁夏、甘肃、青海地区的石嘴山岩画、贺兰口岩画、黑山岩画、祁连山岩画等；新疆地区的阿尔泰岩画、呼图壁岩画、库鲁克塔格岩画和田岩画等。北系岩画占据中国岩画的大宗，它包含面积广大，绵延时间又极其长，大约从公元前几万年起，中经匈奴、突厥、西夏、蒙古，直至近代。

北系岩画主要是北方草原地区的狩猎游牧民族的作品，因此动物题材的岩画占了大部分，有些动物现在在这一地区已经灭绝了，如大角鹿、大象等。另外，人面像也是这一地区的重要题材。北系史前时期的岩画，以自然主义为主，图像的具象形很强①。这些岩画壮观宏阔，绘制朴拙有生气，给人一种神秘、浑厚、雄伟之感。“北方草原岩画是我国岩画分布最广、数量最多、密度最大的地方，可谓绵延数万里的岩画画廊”②，“它不啻是我国北方草原古

① 陈兆复:《中国岩画发现史》，第372页。

② 盖山林:《中国草原岩画与古代猎牧民的生命意识》，《盖山林文集》，第29页。

内蒙古阴山岩画

内蒙古阴山岩画

内蒙古阴山岩画

代居民由朴野走向文明的历史画卷”①。

内蒙古阴山岩画无疑可以称为北系岩画的杰出代表。“阴山岩画分布于阴山山脉西段狼山地区，东从乌拉特中旗、西至阿拉善左旗的狼山高山峻谷的石壁山。作画方法，早期的以磨刻居多，敲凿早晚都有，是最习用的作画方法；晚期又增加了划刻法和用白石灰制作的岩画”②。1927 年，瑞典考古学家贝格曼在内蒙古阴山山脉西部的狼山地区发现了岩画。1976 年，中国考古学家盖山林又在

① 盖山林:《中国草原岩画与古代猎牧民的生命意识》,《盖山林文集》,第 29 页。

② 盖山林:《丰富多彩的内蒙古岩画》,《盖山林文集》, 第 187 页。

这里发现了更多的岩画。阴山岩画是我国迄今发现的岩画中数量最多的也是最古老的岩画群。阴山岩画目前的总数为1万幅以上，上限可推至1万年前，下限可到近代①。阴山岩画的内容丰富多彩，狩猎骑射、野生动物和家畜、日月星辰、手印、脚印、蹄印等无所不有。其中一幅狩猎图，图像虽然寥寥几笔，但线条刻画有力，动物与人物的情态描摹到位。图中近处是一只卷角山羊，有一只小羊正在它腹下吃奶。远处是一猎人在张弓射猎，他周围有几只鬣狗在伺机而动，抬头注视着主人射猎的地方。由于原始射猎对动物形体和习性的细致入微的观察和认识，才能在作画时把握住和勾画出这些动物的特点。一幅虎群图展现了："乌拉特后旗老虎沟中的群虎岩画，由五只猛虎组成，虎或蹲或踞，或奔驰，满身布满条纹，在虎的足下、嘴下、尾端悬缀以小虎或小山羊，妙趣横生"②。蹄印禽足印岩画，是年代比较古老的岩画。这些印痕看起来还是非常真实的，刻画得很细致，就像是鸟或兽刚刚从潮湿的泥土上走过，清晰可辨。对这些蹄印的解释分歧较大。一种意见认为，蹄印是表示事物来源的符号，这些蹄印就是代表

① 陈兆复:《中国岩画发现史》，第103—104页。
② 盖山林:《阴山岩画艺术赏析》,《盖山林文集》，第505页。

贺兰山岩画

食物；另一种意见认为，蹄印是表示女性的生殖器，与部族繁衍和动物增产有关，是生殖崇拜的象征[①]。在阴山岩画中还发现了交媾图[②]。交媾图“是一种超自然外力的象征，它与获得猎物、家畜繁衍、野兽繁殖、畜业丰收等联系在一起”[③]，是“互渗律”的体现。“原始先民在刻画具体形象时，把放牧、狩猎、舞蹈、牵牲等社会现象和行为，与性交、男根女阴等没有必然联系的事物联系起来，并认为两者可以互渗，即相信人显露生殖器与性行为均可以影响到野兽和家畜的增殖”[④]。互渗律是原始思维的特点和规律。

---

① 陈兆复:《中国岩画发现史》，第 342 页。

② 刘锡城:《中国原始艺术》，第 321 页，上海文艺出版社，1998 年。

③ 盖山林:《中国草原岩画与古代猎牧民的生命意识》，《盖山林文集》，第 35—36 页。

④ 盖山林:《中国草原岩画与古代猎牧民的生命意识》，《盖山林文集》，第 35—36 页。

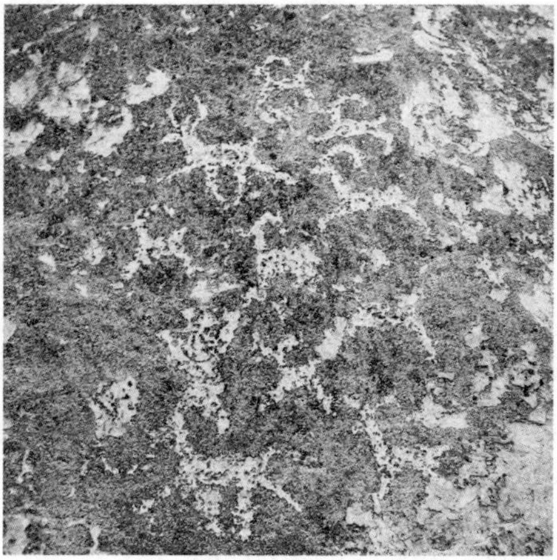

祁连山岩画

祁连山岩画位于甘肃省肃北蒙古族自治县，主要分布于大黑沟、野羊沟、七个驴沟和灰湾子沟，发现于1983年。大黑沟岩画是由凿刻的很浅的无数小点组成的，描绘打猎的场面居多，有的骑马射箭，有的手持长矛。还有许多动物图形，如老虎、大象、野牛、梅花鹿、狗等，其作画年代可推算到10 000年前，因为大象在这一地区很早就已经灭绝了。但有些岩画可能要晚许多，或许是春秋时期乌孙人的创作①。野羊沟岩画的制作方法与刻画内容和大黑沟相似。灰湾子和七个驴沟的岩画由于自然原因发生了变化，经过凿刻的花岗岩发生石灰化，使图的线条由凹陷变成凸起，阴纹化作阳纹犹如浮雕一般。七个驴沟的岩画有一骆驼图

① 陈兆复:《中国岩画发现史》，第126页。

形，高 0.94 米，宽 0.70 米，很有气势。这两处岩画点的创作可能晚于大黑沟①。

“我们从岩画中看到的是一种‘阳刚之气’，是以原始生命力冲动为核心的各种欲念（如生育欲、占有欲、征服欲、求知欲等）等本能，而见之于力量和勇气的外化形式。这种阳刚之气，正是岩画作者制作岩画过程中的心理基质。这种以原始生命力冲动为核心的基于本能的力量和勇气，带有原始的炽烈的荒蛮性”②。这一点或许在中国北系岩画中表现的更明显。

南系岩画

南系岩画主要包括西藏地区的鲁日朗卡、任姆栋、恰克桑岩画，四川的珙县僰人悬棺岩画，贵州的关岭、花江、开阳、画马崖岩画，云南的沧源耿马崖、元江它克崖、麻栗坡岩画，广西的左江崖岩画，福建华安仙字潭岩画，江苏连云港岩画，香港、台湾、澳门、珠海等地的岩画。我们这里主要介绍江苏连云港将军崖岩画和福建华安

① 陈兆复:《中国岩画发现史》，第 126 页。

② 盖山林:《中国草原岩画与古代猎牧民的生命意识》,《盖山林文集》，第 43 页。

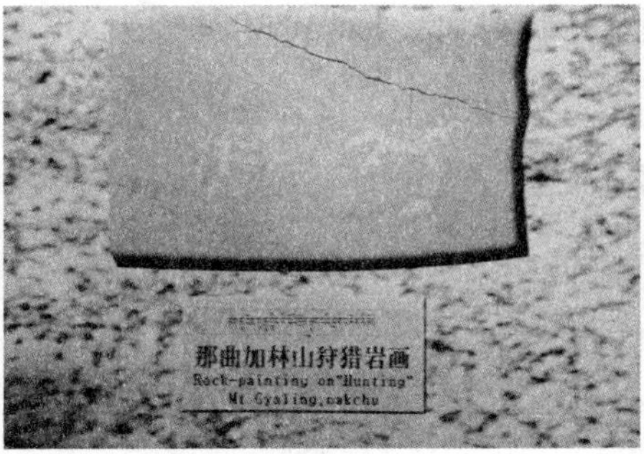

西藏岩画

宁明花山岩画

仙字潭岩画。

江苏连云港将军崖岩画于1979年11月发现，位于连云港市郊西南9 000米锦屏山马耳峰南麓的将军崖上，岩画刻于海拔20米处，在长22米、宽15米的平整光亮的黑暗岩石上展开，分为三组，内容有人面、农作物、鸟兽、星云等图案以及各种符号①。距今约5 000年左右②。

第一组岩画刻在西边，有人面形和植物形的图案。人面像中最大的一个高90厘米，宽110厘米，头饰为几何形图案。眼睑用多根线条勾勒，另加3根线条画成眼角的鱼尾纹。从耳朵到脸颊和嘴角，都有许多短线条连接起

① 连云港市博物馆:《连云港将军崖岩画遗迹调查》,《文物》, 1981年第1期。
② 陈兆复:《中国岩画发现史》, 第364页。

来，线条刻得很杂乱。所有人面都有一根线条，从额头到面颊，一直连到下面的禾苗和农作物上。农作物的图案分两种：一种由下而上，刻成一组放射状图形，似在表现禾苗。另一种在放射状图形下面还有许多三角形和水平线，可能是表示埋在地下的根块。此外，在这一组里还有许多不明其意的符号①。第二组位于南面，画面由鸟兽纹和星象图案组成。研究者认为这是一组古人的天象图，有太阳、月亮、星星、云彩等，很像银河系的星云的图案②。第三组图像在东边，地势较高，内容是人面像和星云图。人面像有多个，头上有羽饰和三角形装饰，围绕着人面像有许多短线、圆点和符号③。

将军崖岩画可能与传说中的少皞有关，结合岩画上的这些星图，说明以少皞为代表的是一个有相当规模的农业部落④。引起最大争论的是人面像与农作物及其相互之间的关系。大体有这样几种意见：（1）认为是原始社会祝祀乐舞的图像⑤；（2）认为人面像是一种叫作鲎的海洋生物，

①②③ 连云港市博物馆：《连云港将军崖岩画遗迹调查》，《文物》，1981年第1期。

④ 李洪甫：《少皞之墟辨》，载《徐州师范学院学报》，1981年第1期。

⑤ 王少华：《原始社会的祝祀乐舞》，载《舞蹈论丛》，1981年第1期。

是图腾的形象，而禾苗状的东西是水藻，是海洋生活的写照①；（3）认为是巫师作法图②；（4）认为是表达天体崇拜的巫者图③；（5）认为是先民对于土地和太阳的崇拜，是先民们祈求丰收崇拜谷物神的形象记录④；（6）认为是迎接太阳初升的一种大礼场面⑤。其他的说法还有很多，这里就不一一赘述。值得注意的是，连云港将军崖岩画的人面像很有特点。人面像头上有尖圆状饰物，还有三角形饰物或芒刺状的饰物，这样的形制在内蒙古阴山岩画、宁夏贺兰山岩画等处都有大量发现。“这是中国人面岩画中最古老的遗存址之一，所呈现的人面岩画类式最全。在其他各处演变出的人面画类式，似乎在这儿都胚胎似的存在。而且它与上古‘羿射十日’神话，还存在着一种对应性。因此这是一处意义十分重大的遗存址”⑥。

福建仙字潭岩画是岭南大学教授黄仲琴 1915 年首次发现的，他在 1935 年写文章说，仙字潭岩画可能是某个

---

① 庞朴：《人·鲎·贝——将军崖岩画漫笔》，《文物》，1983 年第 1 期。

② 陆思贤：《将军崖岩画的太阳神像和天文图》，《淮阴师专学报》，1983 年第 3 期。

③ 盖山林：《连云港将军崖岩画题材刍议》，《盖山林文集》，第 579 页。

④ 陈兆复：《中国岩画发现史》，第 208 页。

⑤ 宋耀良：《中国史前神格人面岩画》，第 181 页，上海三联书店，1992 年。

⑥ 宋耀良：《中国史前神格人面岩画》，第 109 页。

少数民族的古文字，但也没有肯定。50 年之后，陈兆复和盖山林等实地考察了这处岩画，提出了仙字潭石刻是岩画的观点①。这一观点已被越来越多的人接受，但还有坚持文字说的②。

仙字潭岩画以舞人与人面像为主，而人面像又和舞蹈有关。图形中最多也是最复杂的一组，像是一集体舞蹈场面。舞者大都伸展双臂，肘部下垂，两腿岔开下蹲。图中的舞蹈气氛热烈，风格比较粗犷。另一幅画左边有一舞者，正在欢快地跳舞，右边也有三名舞者，上端两名可能是女性，因为裸露的乳房正好成为她们的标志。此外，在右边还有一些人面像和动物像。“从仙字潭整个画面看，岩画主题无疑是表现某个氏族部落所跳的娱神舞蹈。他们想通过跳舞向神灵献媚，通过讨好神灵，希望得到保佑，达到抵御自然威力，获得狩猎成功的目的”③。也有人认为，仙字潭岩画是新石器时期珍贵的文化遗产，表现了祖先崇拜和生殖崇拜④。由于仙字潭岩画的发现，人们开始关注华安、甚

① 陈兆复、蒋振明：《四万里路云和月——全国岩画考察记》，《美术》，1986年第 1 期；盖山林：《福建华安仙字潭石刻新解》，《美术史论》，1986 年第 1 期。

② 林蔚文：《福建华安仙字潭摩崖石刻再探》，《美术史论》，1987年第2期。

③ 盖山林：《福建华安仙字潭石刻新解》，《盖山林文集》，第 637 页。

④ 曾五岳：《福建仙字潭石刻初议》，《中国文物报》，1988 年 8 月 26 日。

至整个漳州地区的岩画点。迄今为止，已在漳州地区发现岩画五十余处，分布范围很广，并陆续有更新的发现①。

岩画是古人留给我们的宝贵财富，是不可多得的原始艺术瑰宝，但岩画的破坏也是严重的，主要有三方面的原因：一是自然力的破坏；二是动植物的破坏；三是人为的破坏。三者之中以人为的破坏最为严重②。因此，保护岩画已成为一个刻不容缓的任务。我们要采用就地保护、易地保护、加固与防护、信息资料保护、建立岩画研究机构等多种方法进行岩画的保护工作，把岩画的保护与开发结合起来，使它们发挥自身的价值③。

（武　锋）

---

① 陈兆复:《中国岩画发现史》, 第 47 页。

② 陈兆复:《中国岩画发现史》, 第 134 页。

③ 撒学文:《论岩画的保护与开发》,《宁夏大学学报》, 2001 年第 1 期。

四　原始社会的音乐和舞蹈

人除了物质需要外，还有精神需要，而精神文化中的音乐和舞蹈，又是不可缺少的。可以毫不夸张地说，作为人类文化构成因素之一的音乐和舞蹈，是人类精神生活的一大创新和发明，也是人类有别于动物的标志之一。

原始社会的音乐和舞蹈，同其他原始艺术一样，也起源于原始人的生产劳动和其他社会实践。也就是说，是“劳动先于艺术”①，而不是“艺术先于劳动”。

（一）音乐

和现代音乐一样，原始社会的音乐也分为声乐和器乐。比较而言，声乐的起源早于器乐，“人类最初的乐器，

① ［俄］普列汉诺夫著，曹葆华译：《论艺术（没有地址的信）》，第93页，三联书店，1973年。

无疑是嗓音（voice）”[①]；只是发展到后来，二者又紧密地结合在一起。

1. 声乐

声乐最初出现时，主要目的是为了协调劳动时的动作、减轻劳动中的疲劳。为了协调劳动时的动作，劳动者需要统一号子、统一步调，于是便有了最初的声乐，鲁迅形象地称之为“杭育杭育”。随后，伴随着生产发展，人的活动内容日益丰富，号子逐渐发展成为歌曲。歌曲既有歌词，也有曲调，最初可能主要是为了减轻劳动中的疲劳，但后来成为一种娱乐方式。关于这一点，普列汉诺夫有过精辟的论述，“原始人在劳动之时总是伴着歌唱。音调和歌词完全是次要的。主要的是节奏。歌的节奏恰恰再现着工作的节奏——音乐起源于劳动。视工作之为一人所做或为一群人所做，歌也分为独唱的或合唱的”[②]。

原始社会还没有文字，歌词和曲调都是口耳相传；由于年代的久远，它们早已淹没在历史的长河中了。所以，

---

① ［德］格罗塞著，蔡慕晖译：《艺术的起源》，商务印书馆，1984年第二版，第217页。

② 普列汉诺夫：《唯物主义历史观》，《普列汉诺夫哲学著作选集》第二卷，第755页，三联书店，1961年。

我们目前很难了解原始人声乐的具体详情。通过后世载籍的点滴记载，我们还可略窥一二。如在后汉赵晔撰写的《吴越春秋·勾践阴谋外传》中，保留了一首上古歌谣，其歌词是“断竹，续竹；飞土，逐害”①，意思是“砍伐竹子，制作弹弓；发射弹丸，逐杀禽兽”。相传，这一首歌词创作于黄帝时代（相当于中国原始社会末期）。它的内容质朴天然，语言简洁明快，节奏短促强烈，洋溢着热烈而紧张的劳动气氛，富有感染力②。又如《吕氏春秋·仲夏纪·古乐》说“葛天氏”时人们“投足以歌八阕”，有所谓《载民》《玄鸟》《遂草木》《奋五谷》《敬天常》《建帝功》《依地德》《总禽兽之极》，从名目猜测，它们大概反映的是原始人的狩猎、畜牧、农业生产、祭祀仪式等。

另外，通过一些民族学材料，我们还可以约略窥探原始人声乐的一些情况。民族学材料表明，为了便于歌唱，歌词和曲调都比较简单，往往只有几种调子，歌词也是一些简单的词句，但歌词内容却比较丰富，涉及生产和生活的许多方面。在独龙族，有猎人调、玉米调、求婚调和哀叹调等固定

① 《太平御览》卷三五〇、卷七五五所引《吴越春秋》作“断竹，属木；飞土，逐肉”。

② 孙景琛：《中国舞蹈史》（先秦部分），文化艺术出版社，1981 年。

调子；在景颇族，歌词包括了祭祀、婚丧、生产劳动、欢庆节日、历史叙述以及爱情生活等；傈僳族的民歌“蒙括布”，内容涉及历史、人类起源和婚姻过程等①。以上这些民族的歌词和曲调，在一定程度上反映了原始人的状况。

2. 器乐

乐器出现得要比歌舞晚一些，原始先民最初表演歌舞之时，手或许就是最好的“乐器”，以手随着节奏拍合，已经基本上可以达到“助兴”的目的。如西藏珞瑜地区的珞巴族，只有歌曲而无乐器。《尚书·尧典》和《益稷》说，“击石拊石，百兽率舞”，敲击石块伴舞，这应当就是原初尚无乐器的一个写照。

乐器的发明，大概与狩猎生产有着直接的联系，“出于狩猎需要，人们创造了诱捕飞禽走兽的拟声工具”。这些工具虽然不是乐器，但在拟声工具的启示下，经过加工改造，逐渐发展成为乐器②。如云南傣族的“鸡笛”，鄂伦春族的“鹿笛”，就属于此类。原始民族的音乐作品是

① 宋兆麟、黎家芳、杜耀西：《中国原始社会史》，第419页，文物出版社，1983年。

② 宋兆麟、黎家芳、杜耀西：《中国原始社会史》，第419页，文物出版社，1983年。

“从劳动工具与其对象接触时所发出的声音中产生出来的。这是用加强这些声音、使它们的节奏增加某种花样、总之使它们适合于表现人的感情这样一些办法来完成的。但是要做到这一点，必须首先改变劳动工具，而这样一来，它们就变成乐器了”①。所以，乐器既是生产劳动的产物，也是群众智慧的结晶。

在中国古代，曾经有过“八音”的说法，它们指的是金、石、土、木、匏、革、丝、竹，一说指的是笙、柷、鼓、箫、琴、埙、钟、磬八种乐器（《白虎通·礼乐》）。“八音”之中，有的起源甚古（如鼓）。下面，就结合文献资料和考古材料，着重介绍几种乐器。

（1）鼓

鼓，打击乐器之一。关于鼓的发明者，典籍所载据说与黄帝有关。《山海经·大荒东经》说黄帝以夔之皮为鼓；《世本》说“夷作鼓”（《玉海》卷一百十引）②；而《黄帝内经》则说“黄帝与蚩尤战，玄女制夔牛鼓”。这些记载，似乎反映了鼓的发明与战争关系的密切。鼓不但起源很早，而且流传也很广。国外的民族学、人类学材料表明，“鼓到如今还

① 普列汉诺夫：《论艺术》，第36—37页。
② 张澍云：“夷即黄帝次妃彤鱼氏之子夷鼓。”

是大部分狩猎民族的唯一乐器”①。

马家窑文化锯齿纹彩陶鼓

最初的鼓是木制的（木鼓）和陶制的（陶鼓）；而铜鼓的出现，则是更晚时期的事。

陶寺村陶鼓

山西省襄汾县陶寺村南的陶寺遗址（约公元前2500—前1900年），曾经出土过一个木鼓，鼓腔呈竖立筒形，高1米，直径50厘米左右，系由截断的树干凿空而成，上细下粗，外施彩绘。由散落在鼓腔内的鳄鱼骨板可知，原是用鳄鱼皮蒙鼓，当即为古文献中著名的“鼍鼓”。鼍鼓在墓中与特磬同出②。后来，在发掘安阳殷墟的侯家庄陵墓时，曾见到

① 格罗塞:《艺术的起源》, 第222页。

② 中国社会科学院考古研究所山西工作队等:《山西襄汾县陶寺遗址发掘简报》,《考古》, 1980年第1期；同上;《1978—1980年度陶寺墓地发掘简报》,《考古》, 1983年第1期。

战国青铜鼓

成组的鼍鼓与特磬[①]。另外，甘肃永登乐山坪、民和阳山、通渭李家坪、定西堡子坪等地的马家窑文化遗址均出土过陶鼓，数量众多。佤族和苗族，都曾经使用过木鼓。鼓所用之皮，除上述鳄鱼皮外，常见的是牛、马之皮。《易纬·通卦验》说："冬至，鼓用马革；夏至，鼓用牛皮。"但贵州台江排羊等地的苗族认为，他们最早的鼓是地鼓，后来才有木鼓和铜鼓。所谓地鼓，即在地下挖一个穴，上面铺以木板，木板上横系竹丝，在竹丝和木板之间立一木棍，人们以两根鼓槌相击，能发出优美的声音。

鼍鼓

在南方少数民族中流行的铜鼓，其时代更晚。云南楚雄万家坝墓葬和祥云大波那墓葬出土的

① 梁思永、高去寻：《侯家庄》（第六本），《1217号大墓》，第23—27页，台北，1968年。

铜鼓，年代约在公元前5世纪；而云南晋宁石寨山滇墓出土的铜鼓[1]，则属于公元前4—前2世纪。从发现最原始铜鼓的地点看，铜鼓当起源于中国的云南[2]。

（2）埙

“埙”，或作“壎”，吹奏乐器之一，八音中的“土”即指埙。古有“庖牺灼土为埙”的说法（《路史》）。一说埙乃周平王（或周幽王）时人暴辛公所作（《太平御览》卷五八一引《世本》、《乐书》）。其说不一定可信，但埙乃中国最古老乐器之一的说法，却又是完全可以信据的。

在距今约7 000年的浙江余姚河姆渡遗址中（第4文化层），出土了新石器时代的陶埙和骨哨，这是迄今为止发现的最早的吹奏乐器。埙身呈鸭蛋形，中空，一端有一小吹孔。此外，在太原义井、郑州大河村、西安半坡、万泉（今万荣）荆村、玉门火烧沟、临潼姜寨等地，也都有陶埙出土[3]。从出土实物观察，原始社会的埙多以陶土烧制，所以又叫“陶埙”；一般呈球形或橄榄形，中空，顶

---

① 云南省博物馆：《云南晋宁石寨山古墓群发掘报告》，文物出版社，1959年。

② 汪宁生：《试论中国古代铜鼓》，《考古学报》，1978年第2期。

③ 吕骥：《从原始氏族社会到殷代的几种陶埙探索我国五声音阶的形成年代》，《文物》，1978年第10期；李纯一：《原始时代和商代的陶埙》，《考古学报》，1964年第1期。

端为吹孔（或吹孔、音孔俱全）。研究者指出，最原始的埙只有吹孔而无音孔，“有音孔陶埙应被视为按照一定的音阶或调式而制成的旋律乐器”，从而可以断定，在埙出现的时代里，已有若干音阶或调式了①。

河姆渡文化陶埙

新石器时代陶埙

埙在中国的历史，不但“源远”，而且“流长”，后世一直相延不绝。河南辉县琉璃阁、郑州二里冈商墓，都出土过商代的埙。后代之埙，也多以陶土烧制，大小如鹅蛋，六孔；顶端为吹孔，侧面为音孔；也有用石、骨、象牙制成的。《说文解字·土部》说：“壎，乐器也。以土为之，六孔。”

（3）哨

哨，吹奏乐器之一，它的历史也非常久远，早期的哨

① 李纯一：《原始时代和商代的陶埙》，《考古学报》，1964年第1期。

一般都是骨哨。在太湖流域的遗址中，以河姆渡遗址出土的骨哨最多（有160多件），时间也最早（距今约六七千年）。河姆渡遗址出土的骨哨，以禽类肢骨中段制成，长6—11厘米不等，中空，器身略弧曲，一侧有孔，多数为双孔，少数有三孔。有的骨哨还在哨管中插一根肢骨，可能是吹奏时作推拉用的附件，它们有可能就是乐器①。骨哨的音色悠远、清亮，能模拟各种鸟鸣，当时大概是作为诱捕鸟兽的一种工具，同时也是一种乐器。鄂伦春、鄂温克等族的猎手们，吹奏鹿哨、狍哨模仿动物的声音来诱捕野兽。除河姆渡遗址外，马家浜遗址和吴江梅堰遗址也发现过相似的骨哨。在仰韶文化的姜寨遗址中，还出土过石哨，管状，中有一孔。

（4）号

号，吹奏乐器之一。青海马家窑文化②、陕西华县坡井家堡仰韶文化墓地、山东大汶口文化墓地均出土过陶号，形如牛角。由于牛角状陶号能吹奏出洪亮的声响，可用于战争和狩猎场合。

---

① 宋兆麟、黎家芳、杜耀西：《中国原始社会史》，第421页。

② 张学正等：《谈马家窑、半山、马厂类型的分期和相互关系》，《中国考古学会第一次年会论文集》，文物出版社，1980年。

（5）钟

钟，打击乐器之一。《世本》说“倕作钟”(《山海经·海内经》郭璞注引)，倕是尧时的巧工。但考古资料证明，钟出现的时间远远早于五帝时代的尧。发现于河南省陕县东南庙底沟遗址的陶钟，是迄今所见最早的打击乐器[①]，距今约五、六千年。陕西长安斗门镇、湖北天门石家河所出陶钟，距今约四五千年，均晚于庙底沟遗址的陶钟。

庙底沟陶钟

（6）磬

磬，即八音之一的“石”，属于打击乐器。磬的前身，可能就是石器。原始先民在制作用于捕兽和农作的石器之时，发现击打石头可以发出铿锵之声，石遂由生产工具变为娱乐的乐器。《路史》说“伶伦造磬以谐八音”。目前发现的石磬均出土于黄河中上游地区，如山西省的五台阳白、闻喜南宋、襄汾陶寺，河南禹州阎砦，青海乐都柳湾

① 中国科学院考古研究所：《庙底沟与三里桥》，科学出版社，1959 年。

等地。在山西襄汾县陶寺遗址内，墓中曾经与木鼓（鼍鼓）同出过一件特磬，长80—90厘米，作倨

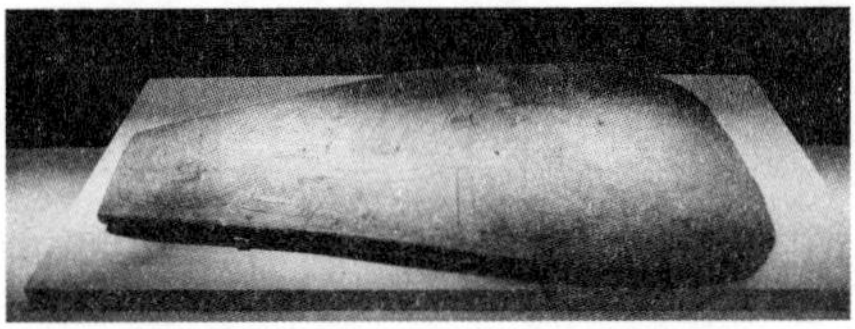

虎纹石磬

句形。山西夏县东下冯遗址曾经出土过一件打制石磬，据放射性碳素断定，其年代不晚于公元前15世纪①。

（7）勺

在江苏苏州草鞋山、苏州梅堰、常州圩墩村新石器时代遗址中，曾经发现过一种用途不明的所谓"陶勺"②，呈球形，

新石器时代红陶勺

敛口，中空，有一短小握柄。后来有人在试验中发现，如果手握其柄，嘴对"陶勺"口沿吹之，能发出洪亮的声

① 东下冯考古队：《山西夏县东下冯遗址东区、中区发掘简报》，《考古》，1980年第2期。

② 江苏省文物工作队：《江苏吴江梅堰新石器时代遗址》，《考古》，1963年第6期；吴苏：《圩墩新石器时代遗址发掘简报》，《考古》，1978年第4期。

音，声音之大，一如今日之哨、笛。这说明，该类器物决非食器，可能是一种狩猎用的拟声工具，或是一种构造简单，吹孔、音孔合一的古老乐器①。

（8）笛

1987年，河南舞阳贾湖遗址出土了16支七孔骨笛，骨笛采用飞禽的腿骨管制成，孔钻于管壁上②。研究者选择其中完整的、无裂纹的一支骨笛（M282：20），进行测音研究，认为“这支骨笛的音阶结构至少是六声音阶，也有可能是七声齐备的、古老的下征调音阶”③。贾湖遗址距今约8 000年。看来，笛子的历史也颇为久远。河南临汝中山寨遗址也出土过一支九孔骨笛，骨笛两端已残，器身穿有两排相错的小孔④；但有

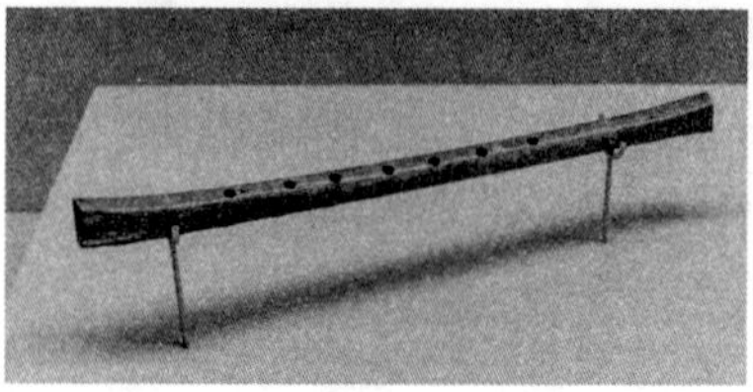

贾湖骨笛　裴李岗

① 宋兆麟、黎家芳、杜耀西：《中国原始社会史》，第423页。

② 河南省文物研究所：《河南舞阳贾湖新石器时代遗址第二至六次发掘简报》，《文物》，1989年第1期。

③ 黄翔鹏：《舞阳贾湖骨笛的测音研究》，《文物》，1989年第1期。

④ 中国社会科学院考古所河南一队：《河南临汝中山寨遗址试掘》，《考古》，1986年第7期。

研究者认为，它不是演奏的乐器，而是定音一类的乐器[1]。以上两地所出土的笛子均属骨笛，而山东莒县陵阳河遗址则出土过一件陶笛。陶笛呈酒杯状，细直柄，中空，柄对侧各一孔，可吹出四个不同音质的乐音，音响与竹笛音质相似[2]。

（9）其他

另外，一些原始部落的乐器还有箫，既有用口吹的，也有用鼻吹的，高山族和黎族都有鼻箫。还有用兽皮制作的喇叭、笛子，竹管或芦管制作的芦笛、芦笙等。简单的弦乐器在原始时代也已出现了，拉紧的腱或某些纤维细绳可能就是最初的弹奏乐器。弓箭发明以后，弓弦也成为一种乐器。在印第安部落中，弓弦是舞会上不可缺少的乐器。

（二）舞蹈

舞蹈是一种形体（人体）语言，以有节奏的动作来表达人的思想感情。舞蹈的产生年代，应当不会晚于新石器时代。但与音乐不同的是，舞蹈初起时主要是“模拟”，

---

① 张居中等:《舞阳贾湖》(下)，第 999 页，科学出版社，1999 年。

② 曲庞义:《笛柄杯音阶价值初谈》,《齐鲁艺苑》，1986 年第 5 期。

即“对于动物和人类动作的节奏的模仿”①，这在狩猎民族中体现得尤为典型。

一般认为，舞蹈和音乐一样，也起源于生产劳动，初期的功能主要是娱乐身心。普列汉诺夫说，“艺术是生产过程的直接形象”②，“当狩猎者有了想把由于狩猎时使用力气所引起的快乐再度体验一番的冲动，他就再度从事模仿动物的动作，创作自己独特的狩猎舞”③。除模拟式的和操练式的两种舞蹈外，据中国古文献记载，舞蹈的产生还与

孔雀舞

① 格罗塞：《艺术的起源》，第156页。格罗塞依据舞蹈的性质，将狩猎民族的舞蹈分为模拟式的和操练式两种（同前）。

② 普列汉诺夫：《唯物主义历史观》，《普列汉诺夫哲学著作选集》第二卷，第754页。

③ 普列汉诺夫：《论艺术》，第73—74页。

体育锻炼（导引）有关。《吕氏春秋·仲夏纪·古乐》：“昔陶唐氏之始，阴多滞伏而湛积，水道壅塞，不行其原，民气郁阏而滞著，筋骨瑟缩不达，故作为舞以宣导之。”（《路史》的记载与此近似）根据东汉高诱的注释，陶唐氏乃“尧之号”，其时已进入“传说时代”，距今约4 000年。因此，舞蹈成为体育锻炼的方式之一（导引），应当是舞蹈后起的功能。

原始人最初的舞蹈动作，主要是模仿和模拟，模仿飞禽走兽的不同姿态，模仿人们生产劳动、狩猎活动的不同动作，然后再加以美化组合。于是，舞蹈产生了。在我国的一些少数民族中，至今仍然可以看到原始舞蹈的这一孑遗。如独龙族、拉祜族的猴捉虱舞、喜鹊舞、孔雀舞和割小麦舞、打包谷舞、薅秧舞、割谷舞，以及鄂伦春族反映采集生活的“红普嫩”舞等，就是对飞禽走兽姿态和生产劳动动作的模仿与模拟。再如鄂伦春族的黑熊搏斗舞、鄂温克族的公猪搏斗舞、纳西族的阿仁仁等，都是反映狩猎活动的舞蹈[①]。又如《尚书·尧典》和《益稷》所说的“击石拊石，百兽率舞”，汉唐注疏家多以为是百兽为乐所感

① 王克芬：《中国舞蹈发展史》，第12页，上海人民出版社，1989年。

广西宁明花山岩画

化而相率起舞；其实，这里表现的就是原始先民模仿百兽的动作而进行的群舞。实物材料也不乏这方面的证据。在广西宁明花山岩画上，有一组似欢庆胜利的舞蹈场面，舞者欢腾跳跃，所有舞者的身体都似蛙形。研究者认为，这是先民（舞者）在模仿青蛙跳跃时的姿态和动作①。在内蒙古阴山岩画的画面中，也有大量以原始狩猎生活为题材的舞蹈图案②。云南沧源岩画有许多画面表现的其实也是狩

① 覃圣敏等:《广西左江流域崖壁画考察与研究》，广西民族出版社，1987年，第178—179页。

② 盖山林:《从阴山岩画看我国古代北方游牧人的舞蹈艺术》,《中央民族学院学报》，1981年第1期；盖山林:《阴山岩画》，文物出版社，1986年。

猎场面的舞蹈，如在第 1 地点 5 区的大型画面中①，数头动物穿插在人群之中，人们或执长矛，或执盾牌，或徒手而舞。

原始舞蹈与宗教祭祀有着密不可分的关系。《说文解字·巫部》："巫，祝也，女能事无形以舞降神者也，象人两褎舞形，与工同意。古者巫咸初作巫。"20 世纪初，刘师培综合多种传世文献，认为"舞法起于祀神"②；之后，陈梦家又结合甲骨文、金文，进一步认为歌舞起源于巫术行为——求雨③。古人认为，"国之大事，在祀与戎"（《左传》成公十三年），祭祀和军事一样重要；而舞蹈既然和祭祀密不可分，其受重视，实属情理中事。恩格斯说："舞蹈……是一切宗教祭典的主要组成部分④。"中国古代的傩舞，就是一种祭祀的舞蹈，用舞蹈仪式来驱逐四方疫鬼。独龙族的牛锅桩舞、景颇族的"金再再"舞、傈僳族的死舞、畲族的盘瓠舞，都属于祭祀仪式的舞蹈。

---

① 汪宁生:《云南沧源崖画的发现与研究》，文物出版社，1985年。汪宁生认为，这一画面"似原为一个反映某种活动（宗教性质舞蹈？）之画面"（第 28 页）。此说不确切，当为表现狩猎活动的舞蹈场面。

② 刘师培:《舞法起于祀神考》,《国粹学报》，第 27 期，1907 年 4 月 2 日。

③ 陈梦家:《商代的神话与巫术》,《燕京学报》，第 20 期，1936 年。

④ 恩格斯:《家庭、私有制和国家的起源》,《马克思恩格斯选集》第四卷，第 88 页，人民出版社，1972 年。

战争舞，在中国古代属于“武舞”(与“文舞”相对)。布朗族的刀舞、景颇族描写血亲复仇的“以湾湾”舞等，极其类似古代的武舞。

生产劳动、宗教祭祀和军事战争，是原始舞蹈表现的重要内容。除此之外，原始舞蹈表现的内容还有成年礼仪、婚姻爱情、社交活动等。

原始舞蹈最先使用的道具，多取材于生产和生活，道具随后也渐次增多，并且还有乐器伴奏。古“舞”字像人执牛尾而舞之形，《吕氏春秋·仲夏纪·古乐》说，“昔葛天氏之乐，三人操牛尾，投足以歌八阕”。由此可见，牛尾可能就是原始人原初的舞蹈道具之一。原始舞蹈的服饰，一般还是日常衣服，后来才出现特制的专门用于舞蹈的服饰。

就考古资料而言，最早的、最典型的舞蹈实物，当属青海大通县上孙家寨出土的舞蹈纹彩陶盆。该舞蹈纹彩陶盆于1973年秋出土，属于新石器时代晚期的马家窑文化，放射性碳素断定并经校正，年代约为公元前3300—前2050年①。陶盆由泥质红陶烧制，高14厘米，口径29厘米；内壁画有十五个跳舞者，共分为三组，每组五人；舞

① 青海省文物管理处考古队:《青海大通县上孙家寨出土的舞蹈纹彩陶盆》,《文物》, 1978年第3期。

蹈者手拉手，翩翩起舞，双手轻盈而又和谐，步法缓慢而有节奏，尾饰随风飘动，舞姿优美，气氛亲切，整个画面充满了清新的自然气息和浓郁的人情氛围。研究者认为，舞蹈纹陶彩盆上舞蹈者的伴奏方法是踏步和拍手，而这也是最早的、最简单的伴奏方法[①]。由此可见，该舞蹈纹彩陶盆确实是一件不可多得的表现原始舞蹈的艺术珍品。

（彭　华）

① 宋兆麟、黎家芳、杜耀西:《中国原始社会史》, 第 428 页。

国家门槛

一般认为，国家是区别原始社会和文明时代的标志。中华民族距今四五千年左右，由史前的野蛮时代向文明的阶级社会过渡。这个时代相当于古史传说中的禅让时代和洪水泛滥时代。

一　私有制·社会分层·国家起源

公元前3500年，我国的远古文化进入了一个新的历史时代——铜石并用时期，铜器在当时的生活中已经占据一定的地位，生产技术、社会生产力得到了长足的发展。更为重要的是，我国中原及周边地区的一些人群先后逐渐进入了一个较原始氏族部落社会更高一级的社会组织形式，在分配制度、人群组织结构等方面都出现了新的特点。

（一）贫富分化与社会分层现象出现

在这一新的历史阶段前期，即距今5 500—5 000年左右，在各地的人群组织中发生了一些较为显著的变化。

一是在一个统一的社会组织内部，家庭形态有所改变，这一点可从聚落房址的组成得到证明。这时的聚落房址，出现了两间甚至三四间的套房，表明此时居住其中的不再是对偶式家庭，而很可能已是核心家庭甚至是扩大家庭。如郑州大河村仰韶文化后期的房址，为 4 间一套，炊具都放在中间较大的房间内，鼎就有十多个。此类房子往往还有独立的储藏室和房前窖穴，表明该家庭已经具有较为独立的经济。另有邓州八里岗已发掘的两排房址，南北朝向，每排有若干座房，每座房又分 3—8 个单元，每一单元由 1 间主房和 1—2 间配房组成。如此复杂的层次结构，很可能就是家庭—家族及其多个家族的反映①。这样的分间房屋在诸如大汶口文化晚期（黄河下游）、屈家岭文化（长江中游）都有出现。

二是社会组织内部出现较明显的贫富分化，这可视为私有制已经出现。以山东泰安大汶口遗址墓葬为例：该处遗址埋葬有大汶口文化中晚期墓葬 133 座，可以从墓坑大小、随葬品的多寡，将墓葬分成大、中、小型三类。大型墓葬有木质葬具，随葬品有的多达一两百件，且大多是如

① 严文明：《略论中国文明的起源》、《近年聚落考古的进展》，《农业发生与文明起源》，第 66、260 页，科学出版社，2000 年。其实关于家庭经济的相对独立，有研究者认为早在兴隆洼文化就已现端倪。因为兴隆洼村落中的房址，“不仅有炊事用具，还有生产用具，有的甚至还存在储藏食物之窖穴（如有的窖穴内发现许多兽骨），显示出这种家庭在经济上具有相当的独立性。”并提出这可能就是北方兴隆洼文化已出现较复杂社会结构的标志。苏秉琦主编，苏秉琦、张忠培、严文明撰稿：《中国通史第二卷 · 远古时代》，第 358 页。

玉器、象牙器、精致陶器等珍贵物品，其中 M10 的随葬品如果按单件计算，总共有 289 件之多。中型墓葬有些有葬具，随葬品从十多件至几十件不等。小型墓葬不但没有葬具，墓坑仅能容身，随葬品也非常之少，有的甚至一无所有。这类贫富分化的现象，在大汶口文化其他墓地中表现得也很明显①。

三是生产专业化所产生的某些专业人员或专业集团，例如武士或巫师，逐渐在社会上获得了较高的地位。仍以大汶口墓地为例：随葬石钺的墓葬大约占全部墓葬的 15%

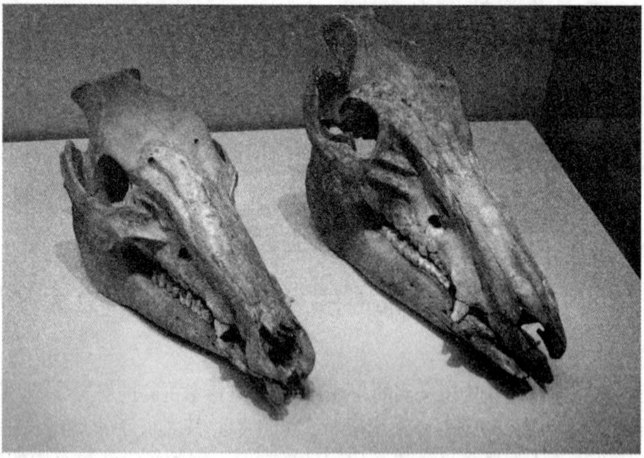

随葬猪头骨

① 苏秉琦：《中国通史第二卷 · 远古时代》，第262—263页，上海人民出版社，1994年。

（20座），这类墓葬往往同时随葬骨质或象牙雕筒和指环，不少还随葬有陶器、石器、骨器和猪头，属于墓葬中随葬品比较丰富的一类。随葬龟甲的有11座墓葬，其随葬品也较多。考古工作者认为石钺是当时的兵器，而龟甲很显然应该是巫师的用具。

这一现象也同样发生在其他地区。在传统认为中华文明中心区以外的岭南，距今5 000年左右的石峡文化墓葬中也能观察到相似的现象。有的墓有成套的大小型石锛、石凿，可能反映出木作手工业的专门化。有些墓随葬大量的石镞，它们不仅用于狩猎，同时可作为战斗武器；还有一种长身亚腰斜弧刃石钺，当属兵器①。可见当时石峡文化也已经产生了专业的木匠和武士。其中较大的一座墓葬M43，它的随葬品包括釜、鼎、盘、豆、罐等陶器，斧、鑁、锛、凿、钺、镞等石器，还有陶纺轮及玉璧、玉笄和玉珠等装饰品。很显然墓主是一位较富有者；而随葬凿、镞、斧、钺等专业工具，他应当在其所在人群中拥有一定

① 广东省博物馆等：《广东曲江石峡墓葬发掘简报》，《文物》，1978年第7期；苏秉琦：《石峡文化初论》，《文物》，1978年第7期；《中国大百科全书·考古学》，第475页。

的地位，也许还拥有一定的军事权力[1]。

而巫师在社会中受重视的情况，恐怕发生的时间还要更早。在河南濮阳西水坡，发掘了一座距今6 000年左右的墓葬M45。这是一座土塘墓，其主体部位埋一壮年男性，仰身直肢，头南足北。其脚下方，横置两根人的胫骨。此外，在壮年男性的东、西两侧，分别用蚌壳精心铺塑一龙一虎图案：龙头朝北，背朝西，状似腾飞；虎头朝北，背朝东，状如行走。在M45的南边，还有一合体龙虎，南头为龙，北头为虎，虎背上还有一鹿（？），龙的头部有一蜘蛛，正对龙口的前方摆一圆球。在此合体龙虎之南，又有一蚌壳摆塑的龙，龙头朝东，背上骑一人。其北侧，另有一虎头朝西作奔跑状[2]。张光直即认为，这里出现的龙虎鹿摆塑，可能是与原始道教龙虎鹿三跻有关的巫术遗存。如此，墓主可推知为一名巫师[3]。亦有学者认为这根

---

① 苏秉琦：《中国通史》第二卷，第482页。

② 濮阳市文物管理委员会等：《河南濮阳西水坡遗址发掘简报》，《文物》，1988年第3期。《濮阳出土六千年前的龙虎图案》，《中国文物报》，1988年1月29日。孙其刚：《濮阳蚌塑龙虎随想》，《中国文物报》，2000年2月2日。河南省文物研究所：《近十年河南文物考古工作的新进展》，《文物考古工作十年（1979—1989）》，第177页。

③ 张光直：《濮阳三跻与中国古代美术上的人兽母题》，《文物》，1988年第11期。

本不是一座墓葬，而是一处祭祀遗迹，它的三组蚌壳摆成的动物图形，都属于构成这处祭祀遗址的一个单元，其中龙虎图形所夹的死者，生前的身份应该是觋[①]。

在史前时代，通过军事和宗教活动，很容易建立起属于某个个人或集团的权威。战争中军事首领有绝对的指挥权力；获胜后通过战利品的分配，他更是有可能将自己的权威扩延到整个社会，从而稳固其个人的地位以及使其权力更加集中。而远古人们对神的信仰，决定了宗教祭祀活动在社会生活中的重要地位。随着祭祀仪式的逐渐复杂，专职的巫师（或巫师集团）也随之出现了。他们在沟通天地人神、充当与神灵交流的桥梁的同时，也沾附了神气，获得其他人的敬畏，从而成为社会中地位较高的个人或集团。上述两例较为特殊的墓葬，墓主身份即可能分别与军事和宗教有关。前者是遗址中规格较高的墓葬，后者虽然没有随葬品，但它的文化性质表明，墓主应是当地人群中较为特殊的人物。可见在原始社会后期，社会分工所造成的社会分化，已使某些个人和集团在社会中占据了较高较特殊的地位。

---

① 言明:《关于濮阳西水坡遗址发掘简报及其有关的两篇文章中若干问题的商榷》,《华夏考古》, 1988 年第 4 期。

这一点，在良渚文化中表现尤为突出。该文化主要分布于长江下游太湖地区，南以钱塘江为界，西北至江苏常州一带，其年代约为公元前3300年—前2200年，现已发掘浙江余杭的反山、瑶山、汇观山，上海青浦福泉山、江苏寺墩、赵陵山等多个遗址。上述地点发现了多座良渚文化大墓，由其随葬的玉器即反映出社会分工造成的巨大的社会层级间差异。

良渚文化大墓常用大量玉器随葬，如玉璧、玉琮、玉钺等，考古工作者称之为“玉殓葬”。其中，外方内圆的琮是良渚文化玉器中体积最大、制作及雕刻最精良的玉件，在任何一件玉琮上都雕琢有神人兽面像，只是繁简程度不同而已。璧是良渚文化中平面面积最大的玉器。玉钺由玉质龠、镎为部件组装安柄而成。还有一种冠状饰，从在墓内的放置部位及伴出的器物可知，这是安置在某种偶像头部的冠饰①。发掘者因此认为，玉璧在随葬品中具有“作为财富的象征物”的意义；玉琮或为“一种与兽面神崇拜有关的神柱或法器”②，或是贵族“敬天礼地”、沟通天地的法器和礼器，总之与神权有关；玉钺相当于代表军事

①② 浙江省文物考古研究所:《浙江省新近十年的考古工作》,《文物考古工作十年(1979—1989)》, 第118—119页。

权力的“权杖”。至于刻画在玉器上的神人兽面图像，则更是加强了这种巫术、美术与权力的密切联系[①]。而“冠状饰的确认及玉钺上出现神人兽面像，说明神权或神的意志在当时具有最崇高的作用[②]。”

良渚文化随葬玉琮

反山、瑶山、汇观山遗址墓葬的墓主，从墓葬规模和所发现的陪葬品看，他们都应该是拥有神权或军权的贵族身份。以反山墓地为例，这是一座土方量达2万余立方米的“土筑金字塔”，被称作“贵族坟山”[③]。高4米，东西长90米，南北宽30米，方圆近3 000平方米，完全由人工堆筑而

---

① 张光直:《谈“琮”及其在中国古史上的意义》,《中国青铜时代》, 第302页。生活·读书·新知三联书店, 1999年第二版。

② 浙江省文物考古研究所:《浙江省新近十年的考古工作》,《文物考古工作十年(1979—1989)》, 第118—119页。

③ 苏秉琦:《中国通史》第二卷, 第333页。

成[①]。“根据其上有比较方正的灰色土带来看，原先也可能作祭坛用过”[②]。在1986年发掘的反山西部的660平方米范围内，共发现良渚文化墓葬11座（M12、M14—23），分别呈南北两列分布。墓穴除M16外，均为长方形土坑。一般长约3米、宽约2米，多数墓深1.5米。有迹象表明，墓穴内“原有棺木作葬具”，且可能还有椁室。共清理随葬品1 200余件套，玉器占90%。其中M20仅随葬玉器就达511单件，170件（组）。M22的随葬玉器也有193单件，60件（组）。各墓分别出土玉璧、玉琮和玉钺，其中M12出土的一件玉琮堪称“琮王”，在其四个正面直槽内上下各有一个神人与兽面的复合像。此外，在M12出土的玉钺上，也发现有同样的形象。

不过大墓之间也有差别，不是每座大墓都出土有玉琮或玉钺，璧、琮也不一定共出，且两者之间多、寡、有、无没有必然的联系。由此可以认为，在良渚文化中，已出现因拥有神权或军权而富裕且高居社会高位的显贵阶层。那么，某些大墓中琮、钺共出，其墓主就当是显贵中的显

① 浙江省文物考古研究所反山考古队：《浙江余杭反山良渚墓地发掘简报》，《文物》，1988年第1期。

② 苏秉琦：《中国通史》第二卷，第333页。

贵，生前集神权与军权于一身，地位更高因而只用琮或钺随葬的墓主①。反山的M12、瑶山的M12，都是如此，其墓主很可能就是良渚文化的最高首领。

考古工作者在良渚文化一般居民的墓葬中很少发现用玉器随葬。但在上海青浦福泉山贵族墓地中还首次发现了3座良渚文化人殉墓葬。这些拥有大量具象征性意味的玉器、甚至使用人殉的大墓，与良渚文化居民一般墓葬规格相比，不难看出良渚社会早已超出一般原始社会中社会分工带来的个别人的地位差别，已经表现为居民之间巨大的等级分化。

福泉山出土玉钺

四是出现一些较大规模的宗教中心，甚至在某些地区的某一考古学文化分布区域内，出现了规模大、等级高的中心地区。这一方面显示出社会组织的规模较从前

① 苏秉琦：《中国文明起源新探》，第147—149页。

有了很大的扩展；另一方面也表明，社会组织的层次分化正日趋复杂。

如仰韶文化晚期发现了殿堂一类与宗教有关的大型技术性建筑。其中甘肃秦安大地湾901号房址是一座由前堂、后室和东西两个厢房构成的多间式原始殿堂建筑，总建筑面积在300平方米以上。前堂有一个直径超过2.5米、残高约0.5米的大火塘，2根径达90厘米的顶梁柱和8根柱径40—50厘米的扶墙柱，地面铺草泥烧土块，以小石子、砂粒和灰浆制成厚近20厘米的混凝土层，效果与现代水泥相似，具备防潮、保温、抗压等多种功能，经历了数千年的时光仍然平光如新。殿内地面上出土了一些器形特殊的非日用陶器。殿外还有约130平方米的地坪，发现排列整齐的12个柱洞①。此外，在大地湾遗址还发现了多座房址，有的面积较大，与901房址布局相似，或者地面上绘有宗教含义的地画。这些房址都应属于与宗教仪式有关的公共性建筑，这在仰韶文化前期从未发现。而大地湾仰韶文化后期遗址的规模，在附近方圆几平方千米都无出其右者。

① 甘肃省文物工作队：《甘肃秦安大地湾901号房址发掘简报》，《文物》，1986年第2期。

更大规模的宗教祭祀遗址，出现在东北和长江下游地区。红山文化是继兴隆洼文化之后发展起来的又一支东北地区的考古学文化，距今 7 000 年—5 000 年，分布在今天的内蒙古东南、辽宁西部、河北北部、吉林西北一带，现已发现了大、中、小型规模的多处宗教祭祀遗址。

位于辽宁凌源、建平两县交界处，公元前 3630—前 3050 年的牛河梁遗址，研究者推测这里应是一处以祭祀女性先祖为主的大规模多神礼拜场所。在东西 1 万米、南北 5 000 米的范围内，依山势按主次分布有女神庙、祭坛和积石冢共 16 个遗址点。1986—1988 年，又在牛河梁附近发现了转山"金字塔"式大型红山文化建筑遗址等。

女神庙位于牛河梁主梁顶部，为平面呈"亚"字形的半地穴式土木结构，主体由主室、东西侧室、北室和南

牛河梁出土彩陶器座

三室连为一体，另有南单室。总范围南北长25米、东西宽2—9米，面积75平方米，出土了彩绘泥塑女神像残块与玉猪龙等物。出土的女神塑像残件分属6个个体，其中有真人大小的头像和相当于真人3倍的鼻、耳。另出土龙头、鸟爪塑件、陶祭器、仿木建筑构件和彩绘壁画。庙北有相关的大型山台。

4座积石冢（21—24）分布在牛河梁主梁顶南端的斜坡上，附近有三重立石筑成的圆形祭坛①。一座积石冢内大、小墓有别，墓内只随葬玉器，墓外和冢上排列数以百计的彩陶筒形器，且冢与冢相傍成群。Z2号积石冢呈方形，东西长17.5米，南北宽18.7米，东、西、北垒砌石墙。石冢中央为一座编号为M1的石椁墓，可惜已被盗掘。Z1在Z2西侧3.3米处，与之平行，由外内两层石墙垒砌而成，在内墙外南侧清理出成群排列的小型墓葬15座，随葬品均不多。Z3在Z2之东，冢基底面为构成同心圆的三周石桩。在表层积石中有3具人骨架，埋葬方式与Z1、Z2均不同，无任何随葬品。发掘者指出，“已发掘的积石冢的中心大墓砌造规整，单人原葬墓随葬品多而精

① 又有“5座积石冢和1座积石坛”的说法，参见《中华人民共和国重大考古发现》，第103页。

美；反之，二次葬墓室简陋，随葬品或少或无，表示着墓主人之间身份等级的显著差别”①。

牛河梁遗址出土单人厚葬墓

另一处与祭祀有关的红山文化遗址是辽西喀左东山嘴遗址，经1979、1982年两次较大规模的发掘，证明这是一处以石砌建筑群、陶塑女像、动物形玉雕为主要内涵的红山文化晚期遗址。遗址三面环山，一面临河，台地上由石块砌成的方形和圆形坛状基址各一个。出土的两类陶

① 辽宁省文物考古研究所:《辽宁牛河梁红山文化“女神庙”与积石冢群发掘简报》,《文物》, 1986年第8期；郭大顺:《牛河梁遗址》, 宿白:《中华人民共和国重大考古发现》, 第103页；辽宁省文物考古研究所:《辽宁近十年来文物考古新发现》,《文物考古工作十年（1979—1989）》, 第61页；中国社会科学院考古研究所编著:《20世纪中国考古大发现》, 第38—39页；苏秉琦:《中国通史第二卷·远古时代》, 第414—417页。

塑裸体女像，是我国新石器时代文化遗存中前所未有的。从总体布局和共存陶器看，各组石建筑遗址是作为一个有机整体建造的，建筑群延续使用了相当长的时间。这是一处与某种祭祀有关的红山文化遗存①。此外，在阜新县胡头沟、凌源县城子山还发现了小规模的祭祀遗址。

研究者指出，这三种不同规模祭祀遗址的存在，表明在现实生活中出现了多层次的组织机构，以“保证神权在相当广的地区内得到一致维护和崇奉”。他们推断，“像胡头沟那样只有一个石围圈的祭祀址，很可能是属于一个村落或村落群的祭祀遗迹；东山嘴祭祀址不仅规模更大，且存在女神塑像，故规格比胡头沟要高些，应该是统一若干个村落群的组织中心的祭祀场所；而牛河梁遗址的规模和高大的女神像，说明这一祭祀址的规格又远在东山嘴之上”②。因此，可以认为牛河梁就是红山文化居民的宗教中心。

再如公元前3300—2200年分布于长江中下游的良渚

---

① 郭大顺、张克举:《辽宁省喀左县东山嘴红山文化建筑群发掘简报》,《文物》, 1984年第11期; 俞伟超、严文明:《座谈东山嘴遗址》,《文物》, 1984年第11期。

② 苏秉琦:《中国通史第二卷·远古时代》, 第417页。

文化，也出现了大规模的宗教祭祀中心。位于浙江余杭安溪乡的瑶山遗址，包括1座祭坛和12座良渚文化墓葬①。祭坛在瑶山山顶的西北部位，面积约400平方米，平面呈回字形三重结构。它由里外三重组成，分别为红土台、灰色土围沟和砾石坎。12座墓葬排成南北两列，集中在祭坛遗址的南半部，全部打破祭坛坛体。其中墓坑较大、随葬品较丰富的几座墓葬（M2、12、7、11）刚好打破红土台，似乎表明墓葬与祭坛的重叠是出于一种有意的安排。发掘11座墓，共出土随葬品707件（组），其中玉器635件（组）。此外M12曾被盗掘，后经收集的玉器达344件。在琮、冠状饰、三叉形饰、锥形饰、牌饰、璜等器型上雕有神人与兽面合一的图案。其中，M12：1号琮、M2：1号冠状饰、M10：6号和M7：26号三叉形器上都有较完整的神人兽面图案。且每座大墓均出土一件玉冠状饰。瑶山遗址是良渚文化中最宏大的祭坛遗址。

余杭的另一座大型祭坛位于汇观山。这里的祭坛总面积达1 600平方米，由挖沟填筑的灰色土框将祭坛的平面在土色上分割成内外三层。4座大墓集中于祭坛的西南部，

---

① 浙江文物考古研究所：《余杭瑶山良渚文化祭坛遗址发掘简报》，《文物》，1988年第1期。

也打破祭坛坛体。其中 M4 埋在祭坛的第一、第二重之间，墓坑长 4.75 米，南宽 2.6 米，北宽 2.3 米，棺椁齐备，随葬玉器有琮、璧、钺、三叉形饰、冠状饰等，石钺有 48 件，是该处墓葬规格最高的一座。

除了大型祭坛之外，在余杭还发现了大规模的良渚文化贵族墓地和大型建筑基址。前者即反山墓地。学者们认为，反山墓地是目前良渚文化中随葬品最丰厚，等级、规格和地位最高的“王陵”①。后者则是 1987 年试掘发现、1992—1993 年正式发掘的莫角山遗址。这是一座大型人工夯土筑成的高台基，东西长约 670 米、南北宽约 450 米，总面积达 30 万平方米，土层最厚地段达 10.2 米，是由一层夯土、一层薄砂层层修筑而成。在这一基址上耸立着大小莫角山、乌龟山三座土台，三座土台间又有 2 万余平方米的大片夯土、红烧土坯及大型柱洞②。

据研究者分析，上述多座分布于余杭地区的良渚文化遗址，大致都是以莫角山为中心：反山墓地位于莫角山西北

---

① 王明达:《良渚遗址群》，宿白:《中华人民共和国重大考古发现》，第 100 页。

② 王明达:《良渚遗址群》，宿白:《中华人民共和国重大考古发现》，第 100 页；中国社会科学院考古研究所编著:《20 世纪中国考古大发现》，第 83 页。

角，瑶山祭坛位于反山东北方向 7.5 千米处，而汇观山祭坛则在反山的西部。以上遗址都是现已发现的良渚文化遗址中规格和规模最高的。除此之外，莫角山四周还环绕着诸如桑树头、钟家村等良渚文化著名遗址。很显然，如同牛河梁在红山文化中的地位一样，莫角山就是良渚文化的礼仪中心址。

而在上海青浦的福泉山、江苏武进寺墩、苏州草鞋山和张陵山等地，也发现有祭坛兼墓葬的良渚文化遗址，只是从规模和随葬品的数量上略逊于余杭上述各遗址。另外，1988 年在浙江海宁市的荷叶地发现一处由 16 座墓葬组成的墓地。整个墓地呈圆丘状，四周围绕着灰土沟，有的墓葬用琮或璧殉葬。在附近的几个乡也分布着众多的良渚文化遗址。至于那些散落在居址附近的小型墓群，墓坑小，随葬品少。如浙北地区一般的良渚文化小墓，面积仅有 1 平方米左右，深约 0.1—0.3 米①，而且随葬陶器的质量一般远逊于实用器。由此可见，良渚文化遗存在聚落形态及规模上的多层次级差。有研究者指出，瑶山 M12、反山 M12 埋葬的是良渚社会的最高首领，福泉山、寺墩、赵陵

① 王明达:《反山良渚文化墓地初论》,《文物》, 1989 年第 12 期。

山葬的则是地方贵族[①]。如此，在良渚社会内部已出现非常复杂的层级组织结构。

由上可知，距今5 500年左右，在中原、黄河下游等地区的远古居民还处于社会组织的渐变过程之中，位于东北和长江下游的红山文化、良渚文化就已凸显了与之不同的更为进步的文明社会的某些特征。有学者甚至提出，良渚“当时也许已形成一个与良渚文化范围大致相当的政治和文化上（包括宗教）的实体，其统治中心即在良渚[②]。”

（二）社会结构层级化加剧与最高权力者的出现

大约从公元前3000年—前2100年为铜石并用时代晚期，在考古学上称为“龙山时代”。

从考古发现来看，当时各地都已经形成了城址与城址之间、城址与普通聚落之间的分层等级结构的社会群落[③]。现已发现的龙山城址大约有30多处，主要分布在河南、山东、湖北、湖南、四川和内蒙古等地。

黄河中下游地区，如河南发现的安阳后岗、辉县孟

---

① 董楚平:《良渚文化祭坛释义——兼释人工大土台和安溪玉璧刻符》,《浙江社会科学》, 1999年第3期。

② 严文明:《略论中国文明的起源》,《农业发生与文明起源》, 第69页。

③ 施治生、郭方:《古代民主与共和制度》, 第91—94页。

庄、登封王城岗、郾城郝家台、淮阳平粮台等城址，规模面积从不足万平方米至16万平方米不等。其远近周围，均分布有大小不一数量不等的同一时期聚落遗址。

山东境内发现章丘城子崖、邹平丁公、寿光边线王、兖州西吴寺、蒙阴吕家庄、费县古城、临淄田旺、五莲县丹土、滕州尤楼薛国古城下层城址等①，也有类似现象。例如鲁西聊城市发现两组八座龙山古城，其中南组三城以阳谷景阳冈为中心，北组五城则以在平教场铺为中心②。山东发现的这些城址，其规模面积更大，从三四万平方米至35万平方米以上。

这种由中心城、次一级城及大大小小聚落所结成的分层网络状社会群落，在长江流域地区亦早已出现。长江中游地区发现不少早到屈家岭文化而稍早于中原龙山文化的古城，如长江北岸湖北江汉平原分布的有天门石家河、江陵阴湘、荆门马家垸，长江南岸分布的有湖南澧县城头

---

① 参见《夏商社会生活史》，第103—106页；魏振圣：《青州先秦文物遗存说略》，《先秦史研究动态》，1993年第1期；张学海：《试论山东地区的龙山文化城》，《文物》，1996年第12期；山东省文物考古研究所：《薛故城勘探试掘获重大成果》，《中国文物报》，1994年6月26日。

② 张学海：《鲁西两组龙山文化城址的发现》，《中国文物报》，1995年6月4日；《鲁西南两组龙山文化城址的发现及对几个古史问题的思考》，《华夏考古》，1996年第4期。

山、鸡鸣城、鸡叫城、彭头山、石首走马岭城址等，面积数万至数十万平方米不等①，其周围一带都有许多同期的一般聚落遗址。

其中的石家河古城面积达100万平方米，是现在发现的最大的史前古城遗址。该城位于湖北省天门市石河镇北、总面积为8平方千米范围的石家河遗址群中心，始建于屈家岭文化中期，使用至石家河文化早期，到石家河文化晚期废弃。城垣边长1 100—1 200米，保存最好部位的底宽80米、顶宽20米、高6—8米，外围环壕最宽处80—100米。城垣之外的遗址成组分布，对大城呈拱卫之势。城内文化堆积丰厚、密集、连续，且能分辨出若干功能区，如墓地、建筑区等。城中部经小面积的试掘发现，有的房子墙体厚度几近1米，大型的柱洞直径达30厘米以上；城西南的三房湾遗址地表暴露大量粗制红陶杯，数量估计达到数十万乃至百万个，十分惊人。“这些

① 北京大学考古系、湖北文物考古研究所：《石家河遗址调查报告》，《南方民族考古》第5辑，1993年；张绪球：《长江中游新石器时代文化概论》，湖北科学技术出版社，1992年版，第215—219页；江陵文物局：《江陵阴湘城调查与探索》，《江汉考古》，1986年第1期；张绪球：《屈家岭文化古城的发现和初步研究》，《考古》，1994年第7期；湖南省文物考古研究所等：《澧县城头山屈家岭文化城址调查与试掘》，《文物》，1993年第12期。

石家河出土红陶鼎

情况都显示了该遗址群在整个长江中游史前文化中的重要地位[①]。”

长江上游四川盆地考古文化发展序列尚不清楚，然而近年在川中成都平原发现了相当中原龙山时的城址 5 座，即新津宝墩、都江堰芒城、温江鱼凫城、郫县古城和崇州双河古城，小者 12 万平方米，大者据说达 64 万平方米，与周围的其他古文化遗址组成有机联系网络[②]。

北方长城地带陆续发现了上百座距今 4 000 年左右的

---

① 赵辉：《石家河遗址群》，宿白：《中华人民共和国重大考古发现》，第 108 页。

② 《成都平原发现一批史前城址》，《中国文物报》，1996年8月18日；《1996年我国考古获 20 多项重要发现》，《光明日报》，1997 年 1 月 3 日；《成都史前城址发掘又获重大成果》，《中国文物报》，1997 年 1 月 19 日。

夏家店下层文化时期的石城址，城与城间隔一般为5—10千米，大体以2—3个城为一组群，有主次之分，中心城面积有达10万平方米以上的，而小城面积仅为数千至数万平方米上下。其中在内蒙古中南部的石城主要集中在凉城岱海周围、包头大青山南麓、准格尔和清水河之间的黄河两岸。在内蒙古东南部的石城主要分布在赤峰英金河和阴河流域两岸，东迤敖汉旗至辽西阜新一线①。

多级城址和聚落的存在，说明了当时社会结构层级化的日益加剧，不同层级的城址和聚落之间，出现了政治和经济权利的不平等。以河南平粮台为例。它呈正方形，城内面积34 000多平方米，坐北朝南。南门为正门，设于南墙正中；北门为后门，较小，且略偏西。防卫设施严密，城墙坚固，还设有门卫房。有公共下水道设施、手工业设施，有贯通南北的中央大道，还有较高级的房屋建筑，一般都是用土坯砌筑的分间式住宅，有的用夯土作

① 包头市文物管理处：《内蒙古大青山西段新石器时代遗址》，《考古》，1996年第6期；田广金：《内蒙古长城地带石城聚落址及相关诸问题》，《纪念城子崖遗址发掘60周年国际学术讨论会文集》，齐鲁书社，1993年；徐光翼：《赤峰英金河、阴河流域的石城遗址》，《中国考古学研究》，文物出版社，1986年；辽宁省文物考古研究所、吉林大学考古学系：《辽宁阜新平顶山石城址发掘报告》，《考古》，1992年第5期。

台基，房内有走廊，比一般村落中的住房讲究得多。研究者指出，由此可知城内居民主要是贵族。而且城内还发现有宗教活动的遗迹。这些足以说明，规模并不大的平粮台，有可能是当时当地的一个政治、经济或宗教中心[①]。这样一个中心城邑的日常生活需求，由周围大大小小的聚落予以支持，使食物、工业产品、珍玩等物质资源向着这个城邑中的上层居民流通；而政治管理和宗教祭祀的权力，却主要由居住于中心城邑中的这些上层居民独断了。于是，在城址、聚落之间形成的分层网络结构，也使居住于这些城址和聚落中的人群由此产生了层级的分化。

继良渚文化之后，权力者与普通成员之间的巨大差异，在中原和黄河下游地区也有了反映。公元前2500年—1900年间的陶寺墓地，是中原龙山文化遗址。它位于山西省襄汾县陶寺村南，面积达3万平方米以上，是陶寺遗址的一部分，现已发现有1 000多座墓葬，可分为大、中、小三类规格。大型墓葬迄今发现9座，不足墓葬总数的1%。它们长3米左右，宽2米多，使用木棺，棺底铺

① 苏秉琦：《中国通史》第二卷，第318—321页。

垫朱砂。随葬品众多，可达一两百件。有彩绘陶器、彩绘木器、玉或石制的礼器和装饰品、工具、武器，以及整猪骨架等。墓主均为男性。其中甲种墓出土成套的礼器和乐器：鼍鼓、特磬、陶异形器（疑为土鼓）。

中型墓约 80 座，占墓葬总数近 10%。其墓坑较大型墓略小，可分为四种：甲种墓主为男性，分布在大墓附近，棺内铺撒朱砂。随葬成组的陶器（包括彩绘陶器一至两件），少量彩绘木器及玉、石礼器、装饰品等几件至一二十件不等。常见猪下颌骨几个或数十个；乙种墓主为女性，对称分布在大墓左右两侧，用彩绘木棺，死者佩戴玉、石镶嵌的头饰和臂饰，随葬彩绘陶瓶。随葬品数量不多，但异常精美；丙种墓的随葬品中无陶器和木器，但有石钺、石瑗、骨笄等，有的有半个至一个猪下颌骨；丁种多数有木棺，随葬骨笄或石钺、石瑗、猪下颌骨中的一两件。小型墓约占墓葬总数的 90%，有 600 余座。墓坑小而狭窄，掩埋极浅。大都没有木质葬具，很多小墓还没有随葬品。

对此，研究者认为，大、中、小墓之间存在的巨大差异充分反映了社会分层现象的繁盛。而大墓之间、中型墓之间也有差异的现象表明，陶寺社会最高权力者中间也已存在某种金字塔似的等级差别。5 座甲种大墓集中在一片，陪葬鼍鼓、特磬和彩绘龙盘，其妻妾的墓葬分布在其两侧，在墓地中显得尤为突出，他们显然是陶寺社会拥有最高权力的统治者①。

1987年在山东临朐西朱封遗址发现并清理了1座龙山文化重椁墓。西朱封位于临朐城南约7 000米处，村南是一处重要的龙山文化遗址。遗址西南部似为大墓区，重椁墓即位于此。其中M1为一座长方形土圹竖穴墓，东西长4.4米，南北宽2.5米，深1.8米。葬具为两椁一棺，并设置有边箱及脚箱。棺内墓主人仰身直肢，戴绿松石耳坠，胸部佩五管饰，两手交于下腹部，手中握有獐牙。随葬品主要放置在脚箱、边箱内，包括陶鼎、豆、盆、鬶、罍、罐、器盖、蛋壳陶高柄杯、三足盆、单把杯、骨匕、蚌器等，加上二层台上随葬的白陶鬶、泥塑小动物、陶网坠等，总计50多件。墓葬年代属于龙山文化中期偏晚，墓主人似一中年女性。M203也是重椁一棺墓，随葬3件玉钺、1件玉环、5件绿松石管珠、95件绿松石石片，内椁

---

① 中国社会科学院考古研究所山西工作队等:《山西襄汾县陶寺遗址发掘简报》,《考古》, 1980年第1期; 中国社会科学院考古研究所山西工作队等:《1978—1980年山西襄汾陶寺墓地发掘简报》,《考古》, 1983年第1期; 高炜:《试论陶寺遗址和陶寺类型龙山文化》,《华夏文明》第一集; 谢维扬:《中国早期国家》, 第309—312页。

盖板上置石、骨镞18件，棺与内椁之间随葬精美陶器50件。M202为一棺一椁墓，有小型边箱，内置蛋壳陶杯、骨匕、砺石和鳄鱼骨板数十片。随葬20余件精美陶器，还有石、骨镞、玉钺、冠饰和笄。发掘者认为，朱封这样的大墓，不仅是在山东龙山文化中首次发现，而且“为龙山乃至史前中国所仅见，开棺椁制度之先河①。”

（三）“古国说”与“酋邦社会说”

综上所述，从公元前3500年开始，在各地考古学文化中逐渐萌生了诸多新的现象和特点。这些新的现象和特点表明，这一时期各地人群组织在内部的分配制度和地位分化上已经发生重大变化：社会贫富分化严重，已有私有制度，社会日益分化成多个等级，权势显贵阶层产生，并且出现了拥有军、政、财、神权于一身的最高首领。对于这一阶段社会的性质，研究者提出了多种看法。

传统的看法，认为这一阶段的社会正处于部落联盟时期。考古学家苏秉琦先生则提出了“古国—方国—帝国”

---

① 李曰训：《朱封龙山文化大墓》，宿白：《中华人民共和国重大考古发现》，第123—124页；山东省文物考古研究所：《前进中的十年——1978—1988年山东省文物考古工作概述》，《文物考古工作十年（1979—1989）》，第166页。

的解释模式。他提出，“古国指高于部落以上的、稳定的、独立的政治实体[①]。”而“红山文化在距今五千年以前，率先跨入古国阶段。以祭坛、女神庙、积石冢群和成批成套的玉质礼器为标志，出现了‘早到五千年前的，反映原始公社氏族部落制的发展已达到产生基于公社又凌驾于公社之上的高一级的组织形式’，即早期城邦式的原始国家已经产生”[②]。他认为，“不迟于四五千年前大体都进入古国时代，即城邦、万国林立时代”[③]。古国时代之后是方国时代，“古代中国发展到方国阶段大约在距今四千年前。与古国是原始的国家相比，方国已是比较成熟、比较发达、高级的国家……最早出现在夏以前。江南地区的良渚文化，北方的夏家店下层文化是最典型的实例[④]。”

苏先生的理论得到不少考古学家的认同[⑤]。他们认为，刘林文化和大汶口文化早期、北阴阳营、崧泽文化时期，以及全国其他地区这一时期的相应文化，是随着更大规模

① 苏秉琦:《中国文明起源新探》，第 131 页。

② 苏秉琦:《中国文明起源新探》，第 138 页。

③ 苏秉琦:《中国文明起源新探》，第 140 页。

④ 苏秉琦:《中国文明起源新探》，第 145 页。

⑤ 车广锦:《良渚文化玉琮纹饰探析》，《东南文化》，1987年第3期；车广锦:《古国时代》，《东南文化》，1988 年第 3 期。

的社会组织和贫富分化现象的出现而出现的。这些文化的发展，使社会形成了阶级的鸿沟。而良渚文化，大汶口文化中、晚期和龙山文化时期的玉器文化，反映了统治者凌驾于社会之上的现象。从寺墩的良渚大墓、花厅的殉人墓以及全国其他地区这一时期的殉人大墓、祭坛和神庙的发现来看，这一时期全面进入了一个“古国时代”，这些考古学文化中的每一个类型，就是一个或几个，甚至更多的“古国”①。比如有学者认为山东龙山文化已处于部落方国时期；有人甚至认为大汶口文化晚期就已产生国家②。

一些历史学家则吸取了西方人类学的理论，提出“酋邦社会”的解释模式。“酋邦”是现代人类学家提出的一种前国家形态概念，它属于在向国家演进过程中的过渡阶段，也被视为人类社会进入早期国家的一种演化模式。根据学者们的归纳，酋邦的基本特征主要有：（1）在酋邦的社会结构中存在着一个最高首领，社会权力如军事权力、主掌宗教祭祀的权力、经济生活的控制与管理权力等，较多地集

① 南京博物馆：《近十年来江苏考古的新成果》，《文物考古工作十年（1979—1989）》，第104—105页。

② 山东省文物考古研究所：《前进中的十年——1978—1988年山东省文物考古工作概述》，《文物考古工作十年（1979—1989）》，第167页。

中在他的手中。（2）存在社会分层，各层级之间的关系是不平等的，因而形成一种金字塔式的分层结构。（3）存在一种社会财富的集中与再分配的体制。（4）与国家相比，酋邦社会是缺乏强制力量的、非制度化的社会。在实际的社会管理中，传统习惯、社会与宗教的制裁都要比政治力量更为重要①。汇总而言，酋邦社会较之以前的原始氏族社会最大的区别就是“分层社会”和出现了“拥有最高权力的个人”。所谓“分层社会”，意味着这一社会中不同的人群依照某些原则或原因，分属于不平等的几个等级之中。其最基本的格局，就是权力者与普通成员之间的差异②，贵族阶层拥有特权，首领拥有最高权力。权力与特权在少数个人身上的集中，正是酋邦与原始氏族社会最大的区别之一。

以此为理论依据，这部分研究者认为，距今四五千年前，中国中原及周边地区就已经进入酋邦社会③。前述各考古学文化中不同规模聚落的出现，人群内部贫富悬殊、等级分化的现象，以及最高权势者的存在，正是酋邦社会

---

① 施治生、郭方：《古代民主与共和制度》，第56—59页。中国社会科学出版社，1998年版。

② 谢维扬：《中国早期国家》，第196页，浙江人民出版社，1995年版。

③ 谢维扬：《中国早期国家》，第276—313页。

"分层"和"出现拥有最高权力的个人"的具体表现。与考古学家们的判断有所不同，这部分历史学家并不认为此时已经进入"国家"阶段——无论是原始的还是成熟的。他们坚持"酋邦"是一种前国家形态，而且并不是所有的酋邦社会都能过渡到国家阶段①。

考古学上的这一阶段，与传世文献中的"五帝"时代相吻合；而传说中"五帝"时代各种人群并处的那种状态，也正与上述酋邦的特征有惊人的相似。这一时期中国史前社会已突破氏族部落社会的平等原则，正在形成国家、步入文明社会的进程之中。这一点，无论各派观点分歧如何，都是毋庸置疑的。

（黄爱梅）

---

① 谢维扬先生因此提出了酋邦向国家社会的过渡性与非过渡性特征。参见谢维扬:《中国早期国家》，第四章第五节。此外，张光直先生曾引述亨利莱德（Henry Wright）的话来说明这一问题：复杂的酋邦"也许在得天独厚的岛屿上有所存在，但在它们牵引列入一个更大的系统之内以前似乎不会进一步发展成为国家"。同时他在其多本著作和多篇论文中亦谈及此问题，参见张光直著《中国古代考古学》（辽宁教育出版社）、《中国青铜时代》、《中国考古学论文集》等（三联出版社）。童恩正先生在其《中国北方与南方古代文明发展轨迹之异同》、《中国西南地区古代的酋邦制度——云南滇文化中所见的实例》等论文中，也对此进行过讨论。参见《童恩正文集·学术系列》《人类与文化》，重庆出版社，1998 年。

二　尧舜禹禅让

传说中禅让是中国野蛮时代进入文明时代特有的政治现象。其义有二：一是君主将天下让与他人。《史记·五帝本纪》云："尧知子丹朱之不肖，不足授天下，于是乃权授舜。"之后舜同样也把帝位让给禹。《五帝本纪》曰："舜子商均亦不肖，舜乃豫荐禹于天"；《夏本纪》又曰："舜荐禹于天，为嗣。"禹也曾同样准备把帝位让给伯益。《夏本纪》云："（禹）十年，东巡狩，至于会稽而崩，以天下让益。"此前禹曾让天下于皋陶，"帝禹立而皋陶荐之，且授为政"，因为"皋陶卒"，才又"举益，任之政"。二是这些受让的人，还需经过四岳的讨论以及政绩的考验，才能践天子位。《五帝本纪》曰："舜……三十而帝尧问可用者，四岳咸荐虞舜，……于是尧乃以二女妻舜以观其内，使九男与处以观其外。"这就是古史传说中的禅让，一种为后人所向往的完美的制度，其整个过程体现了权力被和平转移。

尧舜禅让

一、“禅让”争议

“禅让”最早见于《尚书》。但在先秦诸子百家争鸣时期，关于“禅让”的流传因为各家受自己政治思想影响而各执一端，有肯定意见，也有否定的说法，甚至出现一人兼持二说的局面。

《尚书》中有关“禅让”的内容集中记载在《尧典》《舜典》《大禹谟》中，如：

帝曰：“明明扬侧陋。”师锡帝曰：“有鳏在下，曰虞舜。”帝曰：“俞！予闻，何如？”岳曰：“瞽子，父顽，

> 母嚚，象傲，克谐，以孝烝烝，乂不格奸。”(《尧典》)
>
> 帝曰：“格，汝舜，询事考言，乃言底可绩，三载。汝陟帝位。”舜让于德，弗嗣。正月上日，受终于文祖，……二十有八载，帝乃殂落。……月正元日，舜格于文祖。(《舜典》)
>
> 正月朔旦，(禹)受命于神宗，率百官，若帝(舜)之初。(《大禹谟》)

《尚书》的记载，介绍了“禅让”的精神，对“禅让”的操作过程也略作了表述，从其陈述的内容及语气看，《尚书》对“禅让”应该是执肯定态度的。

这一肯定态度主要为儒家所吸收，儒家成为这一制度的主要倡言者。《论语·尧曰》云：

> 尧曰：“咨，尔舜！天之历数在尔躬，允执其中。四海困穷，天禄永终。”舜亦以命禹。

亚圣孟子对此更是大加发挥，《孟子·万章上》云：

> 舜相尧二十有八载，……尧崩，三年之丧毕，舜避

> 尧之子于南河之南，天下诸侯朝觐者，不之尧之子而之舜；讼狱者，不之尧之子而之舜；讴歌者，不讴歌尧之子而讴歌舜，故曰天也。夫然后之中国，践天子位焉。

又有：

> 万章问曰："人有言：'至于禹而德衰，不传贤而传于子。'有诸？"孟子曰："否，不然也。天与贤则与贤，天与子则与子。昔者舜荐禹于天，十有七年，舜崩，三年之丧毕，禹避舜之子于阳城，天下之民从之，若尧崩之后不从尧之子而从舜也。"

这是儒家的先圣对"禅让"的理解，其表达的基本精神与当时大众所传说的"禅让"基本相符。

而"禅让"一说得以流传应以哪家为主，曾引起过不少学者的争论。顾颉刚说"禅让说是直接从尚贤主义里产生出来的，倘没有墨家的尚贤思想，就绝不会有禅让的传说[①]！"墨家传播禅让的确不遗余力。《墨子·尚贤上》曰：

---

① 顾颉刚：《古史辨》第七册下，第31页，上海古籍出版社，1982年。

> 故古者尧举舜于服泽之阳，授之政，天下平。

《尚贤中》云：

> 古者舜耕历山，……尧得之服泽之阳，举以为天子，与接天下之政，治天下之民。

在《尚贤下》又再次云：

> 尧得之（舜）服泽之阳，立为天子，使接天下之政而治天下之民。

从顾颉刚的论述看，墨家比儒家更坚信“禅让”。“禅让”传说经过春秋时期的加工与修补，形成了比较完整的认识。时至战国、秦汉之际，《吕氏春秋》等书多肯定了这一传说，在这些书中有不少对“禅让”的基本精神的概括，从而为自己所要阐述的思想作注脚。

与此相反，当时对“禅让”展开攻击的也有不少学派。他们或者完全否认“禅让”事实，或对“禅让”和平转移权力的存在表示怀疑。其中反对“禅让”说的不仅仅有其他派别的人，仅儒家学派而言，荀子的观点在“禅让”上与孔子和孟子就有很大的冲突。《荀子·正论》曰：

世俗之为说者曰：“尧舜擅让。”是不然。天子者，执位至尊，无敌于天下，夫有谁与让矣？……曰：“死而擅之。”是又不然。圣王在上，图德而定次，量能而授官，皆使民载其事而各得其宜，……故曰：诸侯有老，天子无老；有擅国，无擅天下，古今一也。夫曰“尧舜擅让”，是虚言也，是浅者之传，陋者之说也。

其言辞是何等的激烈，这与他们所处的时代显然有比较大的关系。

而法家当然是反对“禅让”说的，《韩非子·说疑》云：

逼上弑君而求其利也，……因曰：舜逼尧，禹逼舜，……察四王之情，贪得人之意也。

《五蠹》又曰：

尧之王天下也，茅茨不翦，……禹之王天下也，身执耒臿以为民先，……夫古之让天子者，是去监门之养而离臣虏之劳也，古传天下而不足多也。

《忠孝》又有：

皆以尧、舜之道为是而法之，是以有弑君，……尧为人君而君其臣，舜为人臣而臣其君，……而天下誉之，此天下所以至今不治者也。

同样是反对“禅让”说，道家观点可算温和。《庄子·庚桑楚》曰：

夫全其形生之人，藏其身也，不厌深眇而已矣！且夫二子者，又何足以称扬哉，……举贤则民相轧，任智而民相盗。……吾语汝：大乱之本，必生于尧、舜之间，其末存乎千世之后。千世之后，其必有人与人相食者也。

其后由于魏晋时考古的发现，对禅让的不定说还加上了以下材料。如：《古本竹书纪年》云：

> 舜囚尧于平阳，取之帝位。
>
> 舜囚尧复偃丹朱，使不与父相见也。

《竹书纪年》的出土似乎为“禅让”不定说增加了有力证据，但它的出现仍不能最终对这一问题做出圆满的解答，关于“禅让”的争论后世仍在继续。

传说中的“禅让”是否真实存在？如何理解文献中对这一内容的“矛盾”论述？后代学者对此类问题做了许多研究和探讨。有人认为禅让“有无的争论源于战国时的禅让矛盾传说，此一矛盾传说的产生主要是基于上古两文化系统的不同影响”①。有人将之分为三派，一派大致以儒、墨两家的先圣为首的“禅让说”，一为法家的“篡夺说”，其三为“自然继承说”②。这一观点为大多学者所认同，“禅

① 郑杰文：《禅让学说的历史演化及其原因》，《中国文化研究》，2002年第1期。

② 周苏平：《尧舜禹“禅让”的历史背景》，《西北大学学报》，1993年第2期。

让”的现代意义基本上就是如此。

随着讨论的深入，古人这种各不相同的说法，乃至于互相矛盾的观点，有学者认为其中有统一的地方。“儒、墨、法、道诸家对尧舜禅让事件的态度虽不尽一致，甚或截然相反，但在矛盾的异说中也隐含着不少共同之处，具有一定的统一性。”墨家的“禅让”是一种“尚贤禅让说”；而荀子虽将此斥为“世俗之说”，只是把“天命思想隐晦化”而已，“目的当在避免政治宣传上的误导作用”，所以儒家的思想是一种“天命禅让说”。而法家、道家重在批判尧舜他们有失为臣之道和为君之道，所以他们两家反对的原因是害怕后人效仿，从此天下会大乱。所以从他们的字里行间仍然可以看出他们是承认尧舜禹的“禅让”的。“儒、法、道三家的尧舜观念之间似乎还存在着一种递变关系”，所以“实际上，他们都不同程度地或从不同的角度肯定了尧、舜、禹禅让故事”①。我们不能不说这一认识有它的道理。“禅让”的传说与“洪水”的传说在某种程度上说也具有世界的普遍意义，不然在史学界就不会有将中国的“禅让”类比于世界上的“原始军事民主制”。

① 钱耀鹏:《尧舜禅让故事与中原社会政治的演进》,《中州学刊》, 2000年第3期。

在人类的上古时期，出现这种普遍相似的权力选举或转移是不足为怪的。美国学者艾兰（Sarah Allan）女士认为我国关于上古的“这些记载都是具有结构的”，所以她借鉴了列斯·斯特劳斯（Claude Levi-Strauss）的“结构主义理论”，试图用这一理论和方法，“把中国古典文献中有关尧、舜、禹、启直至商、周王朝的建立的历史传说当作一种观念运动所产生出来的历史以作全新的考察，从而揭示出隐藏在传说背后的深层结构，显示出历史的本来面目”，她甚至希望能用她的研究成果去对列斯的“结构主义”给出一些修正和补充①。而从这种“结构”理论方法认识角度考虑，其论述的基础正好体现了传说的普遍意义。

时值近代，蔡元培在给李玄伯的《中国古代社会新研》一书作序言时，列举了其书的一个精当之点：“尧、舜、禹的荐贤，尧舜的禅让，儒者传为美谈，孟子且以尧荐舜于天，舜荐禹于天缘饰之。著者以非洲民族杀耄君的典礼与埃及塞德典礼相对比”，所以关于“唐虞往事，遂无复有艳称的价值”②，这仍然是对这一问题真实性讨论的

① ［美］艾兰：《世袭与禅让——古代中国的王朝更替传说》（*The Heir and Sage: Dynastic Legend in Early China*）《序》，北京大学出版社，2002 年。

② 李玄伯：《中国古代社会新研》，第225—226页，上海文艺出版社，1988年。

侧面回答。对这一问题的学术讨论的结果，曾有人做过总结：否定者认为，“禅让”是墨家伪托。顾颉刚作《禅让传说起于墨家考》，明确提出墨家学派杜撰了禅让的传说。理由是：《尚书》中《尧典》《舜典》等诸篇和《论语·尧曰》《荀子·成相》均为后人伪作；禅让说符合墨家“贵义”“尚同”“尚贤”的主张，墨家学派内部实行的正是禅让制度。肯定者则说，“在传子制度实行已久的周朝，不容有人发此奇想”，所以禅让“为远古遗留下的史事，大致可信”。还有人认为，“禅让”是原始社会部落联盟首领推举制的反映，“但这种形式主要行于母系氏族社会，其基础是生产资料公有制，到了父系氏族社会，私有制的发展使推举制被世袭制取代，而这个转化过程是通过篡夺和斗争实现的”，只不过被后世披上了一层“禅让”的外衣，“实际上就是篡夺”。“或说关于禅让的两种观点并存，反映古代社会既有相让，也有相争”。所以作者在以上的认识基础上进一步总结：“在传子制确立前夕古代社会领袖人物的产生存在过推举制，也有过篡夺，这是没有疑义的”①。对这一总结，有人作了更明显的分别，“禅让伪

① 李学勤：《中国古代文明与国家形成研究》，第206—207页，云南人民出版社，1998年。

造说”起于刘知几的《史通·疑古》，其后的康有为、顾颉刚等从各个方面给予阐述。而“禅让实有说”又可分为两派：一派像郭沫若以唯物史观考察历史，认为这种现象是上古部落联盟的民主选举制度的反映，徐中舒亦持此观点，王汉昌又进一步从婚姻制度方面展开阐述，这可归为“禅让实有说”的“社会学解释派”；蒙文通认为在上古尧之子与舜曾发生过权力争夺，同样舜之子与禹也有过类似的经历，因而被传为“禅让”，蒋应荣、杨安平持与此相仿的观点，这是“禅让实有说”的“政治学解释派”①。

关于春秋战国、秦汉时期人们对“禅让”的说法，有人认为“春秋时代的人，把禅让制度加以理想化，而战国时代的人，把禅让制度加上家族私有制中篡夺的外衣，都是不对的”②。李学勤也有类似的看法，认为这些故事“都是以权术暴力来攫取君位，带有战国时期游说的那种意味”③。在这里为什么如此强调这一点呢？如果禅让成为一种当时的制度，很显然，它的历史意义便不同了。李学勤在讲中国文明的起源时，他认为按“马克思主义具体历史

① 郑杰文：《禅让学说的历史演化及其原因》，《中国文化研究》，2002年第1期。
② 徐中舒：《先秦史论稿》，第28页，巴蜀书社出版社，1992年。
③ 李学勤：《走出疑古时代》，第50页，辽宁大学出版社，1997年。

观认为，私有制、阶级和国家产生之后就必然有一套与之相适应的典章制度”①。当然类似于史书上的记载的完美的“禅让”制度是不可能存在的，所以要把“禅让制”作为中国文明起源的一种“典章制度”的证据不仅不现实，而且还很可能使文章本身出现无法避免的“硬伤”。但我们不是想在这里下功夫，而只是通过这一传说反映的历史现象，找到它的文化背景，从而来说明“禅让”的历史真实含义，尤其是它所反映的历史背景。因为“尧舜禅让”传说的一个很重要意义就在于，“这一故事本身已涉及中国古代国家的起源与形成，即古代社会的演进问题，所以在探讨尧舜故事之历史真实的基础上，也就有助于认识和理解中国古代社会的演进包括国家的发生和发展”②。所以有学者认为“在夏代之前，无所谓统一的王朝，因而也就无所谓禅让和篡弑，那时候，‘万国并立’，互为消长，尧、舜、禹不过是早期华夏文明圈中先后兴起的三个部落奴隶制王国的代表而已”③。正是因为“尧舜‘禅让’直接关系

① 李学勤:《走出疑古时代》, 第 30 页, 辽宁大学出版社, 1997 年。

② 钱耀鹏:《尧舜禅让故事与中原社会政治的演进》,《中州学刊》, 2000年第 3 期。

③ 田昌五:《对中国文明起源的探索》,《殷都学刊》, 1986 年第 4 期。

到中国古代国家的起源问题”[①]，我们才说它的真实与否有争论的历史和现实意义。但是我们这样认识的同时必须注意一点，国家的产生不是如有些学者所认为的仅仅因为禹传子破坏了“禅让制”，虽然正是这种盟主地位的竞争，最后导致了国家的产生，但这是一个相当长的历史过程，“国家的出现应以一个阶段为标志”[②]，“禅让制”向“世袭制”的转化体现的历史意义正是这一点。

二、“禅让制”与“早期国家”

在1949年后很长一段时期内，对这一问题的认识，国内学者仍多停留在“禅让”的存在及其真实性的论证问题上，与此同时也只就问题本身加以讨论，而对禅让制到底是什么并没有给予明确的说明和解答，普遍的做法是简单地将它与西方的军事民主制相等同，认为是部落之间部落首领推举制的一种反映。“我们认为所谓禅让制度，本质上就是原始社会的推选制度”，“一个人被推举为酋长，或者前一个酋长为后一个酋长代替，都是原始

① 王汉昌:《禅让制研究——兼论原始政治的一些问题》,《北京大学学报》,1989年第6期。

② 杨安平:《关于尧舜禹“禅让”制传说的探讨——兼谈国家形成的标志问题》,《中国史研究》,1990年第4期。

社会的必然规约”[①]。一般的中国政治制度史的书也这样认为，“部落联盟的酋长和军事首领由部落联盟议事会选举产生”[②]。这就是后世所津津乐道的“禅让制”。对于禅让，《辞源》的理解是：以天下传他人，谓之禅让；《中华大字典》的理解是：禅，让也；禅让，谓天子让位于贤者也。这些理解相对来说比较含混，尔后学者在对“禅让制”作研究时，也似乎不愿明确给出禅让制的定义，“所谓禅让，不过是把共主的名义让给别人”[③]，“是指在位的权力者主动将权力移交给下一任”[④]，是“传贤不传子”的继承制度[⑤]。

对此当然有人做过努力，郑杰文就说要探讨禅让有无这一问题，首先应区分“禅让事件”“禅让学说”两个概念，前者是指上古时期的部落时代确实存在过民主选举制或酋长推举制，而后者才是出现矛盾的来源，春秋及其前是“禅让天命说”，战国时期流行“禅让贤德说”，西汉后

---

① 徐中舒：《先秦史论稿》，第22—23页，巴蜀书社出版社，1992年。

② 白钢：《中国政治制度史》，第67页，天津人民出版社，1991年。

③ 王树民：《尧、舜、禹禅让的历史真相》，《河北学刊》，1999年第4期。

④ 谢维扬：《中国早期国家》，第268页，浙江人民出版社，1995年。

⑤ 左言东：《禅让与原始民主制度》，《中国古代史论丛》第三辑，第347页，1983年。

期的“禅让德运说”一直影响到魏晋时期的禅代，这些学说都是以古“禅让”为基础，适应当时社会的政治形势的需要，并依据当时的社会主导思潮的变化而发展的一种社会政治学说。“禅让天命说”是以“原始宗教中的人权天授为理论”，“禅让贤德说”则以“春秋战国时期的民本思潮”为它的理论基础，而“禅让德运说”则是以“古典哲学中的五行相生说”作为它的理论基础①。由此可见，“禅让”有事实与学说之分，作为事实它是存在过的，而作为学说它存有矛盾。其事实层面和学说都主要是指权力的继承问题，即权力是如何被传承的，“尧舜禹禅让是为了维系和稳定联盟体的存在与发展，是若干原本相互独立的社会集团走向联合时产生最高领袖的一种方式”②。

综上所述，不难看出其中实际存在着一些不明确之处：一是禅让制内涵？二是对禅让事实与学说不作区别，正如邓杰文所言；第三，由于对禅让事实与学说不确定，从而忽略了其背景，禅让的实质的把握也易入偏差。

那么“禅让”的历史背景到底是什么呢？有人认为

---

① 郑杰文：《禅让学说的历史演化及其原因》，《中国文化研究》，2002年第1期。

② 钱耀鹏：《尧舜禅让故事与中原社会政治的演进》，《中州学刊》，2000年第3期。

当时虽已处于父系氏族社会末期，但生产资料还是实行公有制，私有观念在此时还很淡薄，“把首领职位视为排他性的绝对私有的想法还未产生”，母系社会旧传统仍然还起着作用，这就是“禅让”制度的“根源”①。传统学者更是持这一观点。但尔后的大多学者认为尧舜时期虽“尚处对偶婚制阶段，但部落首领开始拥有财产”②，所以此时私有制已经出现或成形，渐渐为学者们所认同。这一结论可以用考古成果加以确证，尧、舜、禹“禅让”传说所处时期大致与我国考古学上龙山文化相当，“禅让”反映的正是氏族开始瓦解、国家即将产生的历史背景，所以它正处于“龙山时代”③。龙山文化的财产关系，已经很明显存在等级差别，而在“原始社会氏族的财富是共有的，体现在考古发现的材料中，是居住遗址和墓葬的集体性和平等性”，而“仰韶文化已经开始出现一些走向不均的迹象，例如特殊的墓葬”，其后的龙山文化，“也有大墓出现”。1989年，在山东临朐西朱封考古发现“两座大墓，一为

---

① 王玉哲:《尧舜禹“禅让”与“篡夺”两种传统并存的新理解》,《历史教学》, 1986年第1期。

② 田兆元:《神话与中国社会》, 第98页, 上海人民出版社, 1998年。

③ 李衡眉:《三皇五帝传说及其在中国史前史中的定位》,《中国社会科学》, 1997年第2期。

一椁一棺，一为重椁一棺。以前者（202号墓）为例，墓主系成年，棺内有极精美的镂空嵌绿松石玉笄、浮雕人面纹的玉簪、绿松石坠和串饰”，“其余陶器（包括蛋壳陶怀）、骨器、彩绘器皿等则置在棺、椁间的边箱里面”[①]。由李学勤的论述可以看出，此时财产出现了比较明显的分化。在他主编的另外一本书中再次谈到这一问题：由考古发现和研究的结论看，“约从公元前2500年以降，在以长江、黄河中下游为中心的广大地区，文化同一性因素大大增强”，“此时氏族贵族阶层出现，贫富分化和等级分化日益明显”。作者以陶寺类型龙山文化为例再次确证了这一问题的真实性与考古学上的结论，但是这一结论与前面所认识的“禅让”反映的“公有制”是相矛盾的[②]。矛盾虽然存在，但作者仍偏向于持与原有观点相反的结论。而且在社会和生产方面，有学者认为，由考古成果揭示，在相当于“尧、舜、禹酋邦的时期，较发展的社会分层已经出现”，“产品的再分配中的不平等现象已经存在”，而在社会方面，“已出现了富人和穷人，出现了阶级和阶级

① 李学勤:《走出疑古时代》，第20—36页，辽宁大学出版社，1997年。

② 李学勤:《中国古代文明与国家形成研究》，第209—210页，云南人民出版社，1998年。

斗争”①。所以关于“禅让”的时代背景不能固定在原有的认识领域，这一认识现已为较多学者所接受，即尧、舜、禹“禅让”的历史背景已不是简单的或单一的原始公有制。综上所述，私有制的存在以及由此而带来的一系列差别正是尧、舜、禹“禅让”的时代社会背景。尧舜时代的社会已进入酋邦（部落联合体）阶段，这个时期虽仍以血缘关系为纽带，但氏族制度已趋解体，社会等级制度开始形成，统一的决策机构开始建立，最高权威出现，战争接连不断，史载尧曾与共工、驩兜、三苗、丛枝、胥敖等部落、酋邦发生战争。此外，尧舜时代社会经济是以农业为主，也有了原始水利工程，生产专门化加强，大规模的宗教仪式形成，龙的崇拜盛行，原始艺术发达。这个时期的社会已不再是简单的部落或部落联盟阶段，而是已进入较为发达的酋邦社会阶段。

谈到究竟什么是“禅让”时，在传统史学中，因认为其历史背景是原始公有制，所以在论述这一问题时，大多学者将它与世袭制与传子制相提并论。“禅让”在某种意义上是等同于西方所言的原始社会首领推举的“军事民主

① 谢维扬:《中国早期国家》，第 274 页，浙江人民出版社，1995 年。

制”，而军事民主制与世袭制是截然不同而且在时间上有一定的继承关系的两种权力传承制度，“从禅让到世袭是适应原始社会两个发展阶段的需要而产生的两种制度，前者是原始社会早期的原始民主制度，后者是在原始公社解体、国家还在形成过程中所产生的新的世袭制度”①。有学者从其他角度对这一问题做出了新的解释。“尧、舜、禹三个部落相互斗争，相继成为入主中原的盟主，每一个部落各有自己发展的源流”，所以这种禅让“不是一个部落内的禅让”，而是“不同部落间经过斗争后相继成为盟主”②，是部落与部落之间权力转化关系的反映。也有学者认为，尧、舜、禹时代的华夏部落联盟中，各部落是“相对独立的，有时甚至是相对立的”，所以部落联盟中各部落不存在平等关系，“尧、舜、禹时代大部分氏族部落实行父死子继，兄终弟及的酋长世袭制”，而“部落联盟的盟主的职位主要是依靠本部落的势力来竞争或用暴力获取的”③。这样就否定了原有的结论。既然禅让只是把“共

---

① 万九河:《怎样看尧舜禅让与篡夺的关系》,《天津师大学报》, 1987年第4期。

② 周苏平:《尧舜禹“禅让”的历史背景》,《西北大学学报》, 1993年第2期。

③ 杨安平:《关于尧舜禹“禅让”制传说的探讨——兼变国家形成的标志问题》,《中国史研究》, 1990 年第 4 期。

主”的名义让给别人，“并不影响其原为本国之君”，因为“共主具有双重身份”，在兼任“共主”之位时他同时还是“一国之主”，而且这也是根本的，所以既然“共主”是兼任的，那么就“不必由一族一国长期占有”①。也有人从考古成果上总结，“由陶寺墓地揭示，这时已有了实际上的世袭”，五代领袖相继出自于同一家族，在位时间约达百年，所以也和文献关于尧、舜、禹的年龄均达百岁的记载相合，这正是“同一氏族的继任领袖，往往继承前任者的积年”的表现，例如尧执政90载，应是该氏族或家族若干代执政者的积年的总和，而百岁崩于南巡途中的舜同样也是如此，“被尧选中的舜与践帝位的舜及崩于南巡的舜应属于同一家异代同名的几代首领”，如此一来，这些文献关于“禅让”的记载，“也透露出当时确存在实际上的世袭”，而“考古发掘材料完全证明，在我国原始社会末期已发现了明显的‘世袭制’现象”②。

在这里，一般学者对“世袭制”与“传子制”没有作概念上的区别，多认为两者是相同或在某种程度上是一

① 王树民：《尧、舜、禹禅让的历史真相》，《河北学刊》，1999年第4期。

② 李学勤：《中国古代文明与国家形成研究》，第210、324页，云南人民出版社，1998年。

致的。但也有人对两者作了区分，他们认为“这种补救的‘世袭’与传子制有着本质的区别”，“领袖人物数代出自同一个家族并不等于世袭制确立”。作者在这里选择了我国20世纪50年代云南沧源佤族社会作为说明问题的例子。当时在这一氏族内部也存在着摩尔根在《古代社会》一书中所言的易洛魁人的选举制。在这一社会群体中，“领袖人物的推举虽然首先考虑的是在任首领的‘嗣子’，但‘嗣子’并没有法定的继承权，而需要议事会的认可”。而且氏族的公共事务也要由议事会讨论，领袖人物只是作最后的决定，很明显领袖人物的继承人的选举也同样要经过此程序，而领袖人物的“嗣子”之所以会被优先考虑，“主要原因在于他们在领袖人物道德规范方面得到更多耳濡目染，也有更多机会展示自己的才能”。所以法定的继承权是没有的，其能否担任领袖，最主要的在于“个人的能力与品格”，这才是“禅让”制度的基本内容，“也是与传子制度根本区别之所在”，而两者的转化过程是在“斗争”中实现的①。

我们清楚了“禅让”的历史背景已处在龙山文化晚

---

① 李学勤：《中国古代文明与国家形成研究》，第210—214页，云南人民出版社，1998年。

期，其时私有制与阶级开始形成，而它的实际情况与实质并非如传统史学者所认为的在尧、舜、禹时期只是单一的只存在一种推举制，军事民主制有它适应的地域限制。正如有学者所言，在尧、舜、禹时期，我国的社会已经存在实际上的世袭制，禅让制所形成的首领方式存在于部落联合体中，而在各自独立的诸多部落中实际上是世袭制。这正是下面所要论述的，而且它已经涉及早期国家的问题，这也正是禅让制本身所反映的历史时代背景，“禅让”传说之所以出现在这一时期，说明这一时期是一个关键和过渡阶段。

“禅让”与“世袭”或说“传子”制的区分已在上面做了说明，国家本质的一个重要特征就是统治权力的形成及其如何被转让。关于国家的产生与“禅让”所处时代的关系，史学界大致有以下几种观点：其一为传统的认识。“禅让是历史的投影，不是凭空的虚构，它反映了原始社会中部落联盟推举领袖的方式。部落联盟是原始社会发展到一定阶段的人类组织形式，它通过某种会议方式产生自己的领袖，商量重大事情”①，再下一步就是国家了。也有

① 姚嗍冰：《“禅让”及其历史变幻》，《文史知识》，1986年第3期。

人认为“禅让和篡夺正是前后两种新和旧的社会因素、犬牙交错的过渡阶段的社会现实，正是部落酋长由‘传贤’制转变为‘传子’制过渡阶段的真实反映”①。有学者否定了这种观点，认为尧、舜、禹时期还是原始社会，其社会组织的特点作者总结了四点：（1）有一个明显的政治实体；（2）没有议事会；（3）没有人民大会；（4）有一个体现个人权力的首脑。所以作者据此说此时既不是军事民主制的部落联盟，也不是酋邦，而是“国家还未产生，但许多方面已有萌芽，故称准国家形态”②。也有学者认为“新石器时代晚期早段，约处于聚落城邦联盟的军事民主时期，约当《史记·五帝本纪》中的黄帝到帝舜时期。这一时期，反映了聚落城邦时期的社会经济状况。禹死后，禹之子启，经过与益的斗争，终将反对他的益杀掉，得到众多城邦的支持，成为新的城邦联盟盟主，并建立了新的世袭盟主制度，史称夏王朝”③。

① 王玉哲：《尧舜禹“禅让”与“篡夺”两种传说并存的新理解》，《历史教学》，1986 年第 1 期。

② 吕美泉：《从〈尚书·虞夏书〉看尧舜禹社会政治组织的性质》，《社会科学战线》，1999 年第 5 期。

③ 《三代文明研究》编辑委员会编：《三代文明研究》（一），第432—433 页；石永士：《聚落·城·都城——试论夏、商、周三代在我国都城、宫殿建筑中的地位》，科学出版社，1999 年。

以前研究中国古代史的学者喜欢把尧、舜、禹时代的社会组织称作“部落联盟”，而近年来“早期国家”问题逐渐成为热门课题，所以一些学者又转而将其称之为“部落国家”，或“部落联合体”或“酋邦”，从而形成另一派。其实，部落联合体（酋邦）与部落在有的学者看来，其概念并没有根本的区别，“而部族国家这一概念又混淆了两种不同的社会形态，中国的尧、舜、禹时代是原始社会向文明社会转变的过渡时期，这早已超越部落联盟”，所以作者趋向于认为此时的社会组织是“部族联合体”，“氏族社会后期的部族是由若干部落联盟聚合而成的社会组织又进一步发展为部落联合体，它标志着氏族社会发展的最后阶段”，此时，中国正在向阶级社会迈进，也就是说，“中国赖以产生国家的社会组织不是部落联盟，而是部落联合体。尧、舜、禹时代的部落联合体是中国在部落联盟时代之后产生的一种新的社会组织，这种社会组织是中国从无阶级社会向阶级社会转变的一种过渡形态”①。

谢维扬将部落联盟与部落联合体区分为：（1）部落联盟是没有最高首领的，而尧、舜、禹部落联合体却有最

① 吕文郁：《论尧舜禹时代的部族联合体》，《社会科学战线》，1999年第5期。

高首领；（2）部落联盟会议的议事是全体一致通过，尧、舜、禹部落联合体却是由最高首领决断；（3）前者的权力结构存在着酋长会议和人民大会这些集体性质的权力点，后者则只有联合体最高首领这一个权力点。综上所述，可以清楚地看到，尧、舜、禹部落联合体同部落联盟有着完全不同的基础，它们属于具有个人性质的权力的部落联合体类型，也就是我们所说的酋邦。谢维扬认为国家形成模式有“氏族模式”“酋邦模式”两种，相对于前者，后者的特点主要是“有关社会在进入国家社会前就已经在一定程度上产生了中央集权的权力”①。

尧舜时代还存在着酋邦联盟。其联盟成员包括禹、皋陶、契、伯夷、夔、龙、垂、益、彭祖、弃、朱虎、熊、罴、四岳等。禹是尧舜时代一个酋邦王国的首领，其邦国当时很有势力，禹被舜任作“司空”，主“平水土”。契是联盟主要成员之一，他佐禹治水有功，舜任他为“司徒”。据此可知，四岳也是酋邦，其地位在尧舜联盟中比较重要，许多重大事件尧舜都要征求四岳的意见。尧舜酋邦联盟在尧舜死后由禹任首长，夏族酋邦成为联盟中的盟主。

---

① 谢维扬：《中国早期国家》，第265—273页，浙江人民出版社，1995年。

禹死后，其子夺得权力，通过武力逐渐控制了局势，在诸多条件的基础上，变联盟为世袭王朝，社会的发展跨入了国家的门槛①。

综上所述，禅让制真实与否讨论的问题本身意义并不大，争论的结果如何也并不重要，重要的是权力的分配形式。如史书上所美化的“禅让”是不存在的，同样像法家所反对的“禅让”也是不存在的，但人类社会进程中出现形同“禅让制”的首领推举制又或是可能的。其具体表现形式如何，学者虽有不同的认识，但由于考古发掘与研究的深入，大家趋同认为在当时存在着实际上的“世袭”，而这种形式是存在于本部落内部的，与其他酋邦关系不大。酋邦与酋邦之间，存在一个最高首领的问题，这就是禅让所反映的真实的历史背景，所以只有将禅让制与国家的起源问题联系后，讨论才有实质性的意义。禅让本身所处的历史背景已进入龙山文化时期，据考古发掘，龙山时期社会已存在明显的阶层区别，私有制已经有一定的发展，在这一背景下，出现实际上的世袭当然不奇怪。禅让讨论的最大的意义就在于它与早期国家这一课题联系在一

① 《三代文明研究》编辑委员会编:《三代文明研究》(一), 第283页; 张国硕:《论夏商周古族的起源》, 科学出版社, 1999年。

起。传统学者认为禅让与世袭有明显的时间区别，所以两者在时间上的延续是两种不同的社会形态的表现形式。现在大多学者不同意这一观点，认为早期国家的形成在不同的地域，有不同的特点，不必限于某一理论。学者们在认同这一问题的同时，对进入早期国家的模式却存在差异。但是在这些结论中，不管是部落联盟，还是酋邦（部落联合体），或是准国家形态，都具有某一相同点，即国家的出现在“禅让”时期表现的比较明显。而“禅让”作为一过渡形式的权力传承的形态，其体现的历史魅力正是这一点。“尧、舜、禅让的故事和‘夏传子、家天下’之说所以在历史上广泛流传，是因为他们正处于两种继承制的交替时代，分别作为两种继承制的标志而传诸后代的”，“传子制最终取代禅让制是不可避免的”①。

（罗先文）

① 李学勤：《中国古代文明与国家形成研究》，第214、215页，云南人民出版社，1998年。

三　洪水传说

当人类步入文明时代之际，东西方都留下了那个时期发生大洪水的传说。中国的洪水传说既反映了先民与自然界的斗争，同时也隐喻了禅让社会急剧的变化。

（一）洪水记载及时空巧合

正因为洪水影响巨大，所以我国古代的诸多文献都留有它的踪迹。《尚书》《山海经》《禹贡》对它渲染有加，《庄子》《管子》《论语》《孟子》《韩非子》等诸子百家之书也无一例外，此外如《国语》《吴越春秋》《吕氏春秋》《淮南子》《史记》《说文解字》等书，对上古洪水的存在亦深信不疑。

《尚书·尧典》载：

帝曰："咨！四岳：汤汤洪水方割，汤汤怀山襄陵，浩浩滔天。下民其咨，有能俾乂?”佥曰：“於，鲧哉!”……九载绩用弗成。

寥寥几句，勾勒出滔天洪水，民不聊生的场景。尧咨四岳求治水之人，四岳举鲧，但鲧花了9年徒然无功，洪水依然威胁着“万民”。其书《大禹谟》：

帝（舜）曰：“来，禹！降水儆予。成允成功，唯汝贤。”

又有：

帝曰：“俞，咨！禹：汝平水土，唯时懋哉!”禹拜稽首，让于稷、契暨皋陶。帝曰：“俞！汝往哉!”(《舜典》)

继尧之后，虞舜当政，责令鲧之子大禹继续治水。大禹让于他人，舜坚持让其主持大局。禹随后开始了艰难的治水工程。《益稷》云：

禹曰："洪水滔天，浩浩怀山襄陵，下民昏垫。予乘四载，随山刊木，暨益奏庶鲜食。予决九川距四海，浚畎浍距川；暨稷播，奏庶艰食、鲜食。"

（禹）曰："予娶于涂山，辛壬癸甲，启呱呱而泣，予弗子，唯荒度土功。"

由大禹的话中，可知治水的艰辛与苦难。条件恶劣不必说，还漂泊在外不能享受天伦之乐，其"三过家门不入"的传说更是众所周知。所以《禹贡》的说法丝毫也不夸张：

禹敷土，随山刊木，奠高山大川。

东渐于海，西被于流沙，朔、南暨声教，讫于四海。禹锡玄圭，告厥成功。

皇天不负苦心人，大禹治水一举成功。这也是他能"受禅"天下的原因。

《尚书》笔墨偏向对洪水本身的程度及征服的结果加以渲染，这场洪水到底始于何时，并无明文。在其他古文献中，关于洪水的起始时间有一些记载，但说法比较多，且互不一致。

> 燧人氏时，天下多水。(《尸子》)
>
> 五帝德厚，……尚有泛滥之忧。(《吴越春秋》)

这是比较早的两种说法，但从其言语中我们看不出洪水就是发生在“燧人氏”或是“五帝”时，因为两书只是对“天下大水”作了一般性的描绘。韩非在他的著作中把“燧人氏”称为“上古之世”，“天下大水”却似乎在中古之世，这时大致与鲧、禹相当。

> 中古之世，天下大水，而鲧、禹决渎。(《五蠹》)

《淮南子》一书更讲到女娲时就已有了洪水：

> 往古之时，四极废，九州裂，天下兼覆，地不周载，火爁炎而不灭，水浩洋而不息，猛兽食颛民，鸷鸟攫老弱。于是女娲炼五色石以补苍天，……积芦灰以止淫水。苍天补，四极正，淫水涸，冀州平，狡虫死，颛民生。(《览冥训》)

虽然从这些文献中对洪水起源时间无法有一致的认识，但洪水何时危害最烈却可以断定，这与《尚书》所载大体相符。

> 当尧之时，天下犹未平，洪水横流，泛滥于天下；草木畅茂，禽兽繁殖，五谷不登；禽兽逼人，兽蹄鸟迹之道交于中国。(《孟子·滕文公上》)
>
> 当尧之时，水逆行，泛滥于中国，蛇龙居之，民无所定，下者为巢，上者为营窟。(《滕文公下》)
>
> 尧遭洪水，人民泛滥，逐高而居，尧聘弃，使教民山居，随地造区。(《吴越春秋·吴太伯传》)

其后的司马迁与许慎也有相同的言语：

> 当帝尧之时，鸿水滔天，浩浩怀山襄陵，下民其忧。(《史记·夏本纪》)
>
> 水中可居曰州，……昔尧遭洪水，民居水中，高土或曰九州。(《说文·川部》释“州”)

各文献皆言当尧之时，滔天洪水横流天下，虫蛇混杂，民无居处，这一方面说明了尧时洪水危害甚烈，另一方面也说明洪水并不是起源于尧之时，应还在其前。

天下滔天洪水其起因如何，各家也互有说辞：

> 昔者女娲氏炼五色石以补其阙，……其后共工氏与颛顼争为帝，怒而触不周之山，……故百川水潦归焉。(《列子·汤问》)
>
> 昔者共工与颛顼争为帝，怒而触不周之山，天柱折，地维绝，……故水潦尘埃归焉。(《淮南子·天文训》)

似乎共工与颛顼争帝故有天下的大水，洪水之害似乎由于人祸。但《淮南子》另外又有：

> 龙门未开，吕梁未凿，江淮流通，四海溟涬。(《本经训》)
>
> 往古之时，四极废，九州裂，天下兼覆，地不周载。火爁炎而不灭，水浩洋而不息。(《览冥训》)

这与前所言有出入，言洪水为自然之势。后一说法与《吕氏春秋》颇为相似：

> 昔上古龙门未开，吕梁未发，河出孟门，大溢逆流，无有丘陵沃衍、平原高阜，尽皆灭之，名曰鸿水。(《爱类》)

虽然各家对此各执一端，但洪水已构成危害则是事实，而且“天祸”更可信，也就是说，洪水的起因并非共工氏与颛顼争帝所造成。

以上文献关于洪水的记载，虽然异议颇多，但在洪

大禹治水图

水治理人、治水方法及其获得成功的时间等若干主要问题上，尤其是最终由大禹一举降伏水患，各家都趋同于《尚书》。

（帝尧）十九年命共工治河，六十一年命崇伯鲧治河；七十五年司空禹治河。郑注“司空”曰：“初，尧冬官为共工，舜举禹治水，尧知其有圣德，必成功，故改命司空，以官名宠异之。”当尧之时，舜举之禹观于河，有长人白面鱼身出曰：“吾河精也，呼禹曰文命治水。”言讫，授禹河图，言治水之事，乃退之于渊。禹治水既毕，天赐元珪以告成功。洪水既平，归功于舜，将以天下禅之。(《竹书纪年》)

刘子曰：“美哉禹功，明德远矣！微禹，吾其鱼乎！”(《左传》昭公元年）

治水潦者禹也。(《尸子·仁意》)

古之长民者，不堕山，不崇薮，不防川，不窦泽。……昔共工氏弃此道也，……欲壅防百川，堕高堙庳，以害天下。皇天弗福，庶民弗助，祸乱并兴，共工用灭。其在有虞，有崇伯鲧播其淫心，称遂共工之过，尧用殛之于羽山。(《国语·周语下》)

其后伯禹念前之非度，厘改制量，……共工之从孙四岳佐之，高高下下，疏川导滞。钟水丰物，封崇九山，决汩九川，陂障九泽，丰殖九薮，汩越九原，……合通四海。……皇天嘉之，祚以天下。《鲁语》亦云："鲧鄣洪水而殛死，禹能以德修鲧之功，……夏后氏……郊鲧而宗禹。"(《周语下》)

洪水滔天，鲧窃帝之息壤以堙洪水。(《山海经·海内经》)

可见第一个治水的是共工氏，继者乃鲧，二人在治水的方法上有继承关系，大致以"堙"为主，且二人都因方法不当而失败。大禹则吸取了前人治水的经验教训，并在治水世家共工氏后人的协助下，改变了原有的治水方法，故得以成功。

但《庄子》一书却记载了禹仍是采用"堙"的方法。

昔者，禹之湮洪水，决江河，而通四夷九州也。(《庄子·天下》)

似乎大禹在方法上是继续着共工和鲧的做法，但其"决江河”，使通“四夷九州”，显然又不是原有的方法所能办到的。除此之外，其他文献多与前面一致：

古者禹治天下，西为西河渔窦，以泄渠、孙、皇之水。北为防、原、泒，注后之邸、嘑池之窦，洒为底柱，凿为龙门，以利燕、代、胡、貉与西河之民。东方漏之陆，防孟诸之泽，洒为九浍，以楗东土之水，以利冀州之民。南为江、汉、淮、汝，东流之，注五湖之处，以利荆楚、于越，南夷之民。(《墨子》)

禹之治水土也，迷而失途，谬之一国，滨北海之北，不知距齐州几千里。(《列子·汤问》)

子曰：“禹，吾无间然矣。……卑宫室而尽力乎沟洫”。(《论语·泰伯》)

当尧之时，天下犹未平，……尧独忧之，举舜而敷治焉。舜使……禹疏九河，瀹济、漯，而注诸海，决汝、汉，排淮、泗，而注之江，然后中国可得而食也。(《孟子·滕文公上》)

《书》曰：“洚水警余。”洚水者，洪水也，使禹治之。禹掘地而注之海，驱蛇龙而放之菹，水由地中行，江、淮、河、汉是也。险阻既远，鸟兽之害人者

消，然后人得平土而居之。(《滕文公下》)

禹傅土，平天下。(《荀子·成相》)

昔禹决江浚河，而民聚瓦石。(《韩非子·显学》)

禹之王天下也，身执耒臿以为民先，股无胈，胫不生毛，虽臣虏之劳不苦于此矣。(《五蠹》)

禹于是疏河决江，为彭蠡之障，干东土，所活者千八百国，此禹之功也。(《吕氏春秋·爱类》)

禹立，勤劳天下，日夜不懈，通大川，决壅塞，凿龙门，降通漻水以导河，疏三江五湖，注之东海，以利黔首。于是命皋陶作为《夏籥》九成，以昭其功。(《古乐》)

禹周于天下，以求贤者，事利黔首，水潦川泽之湛滞壅塞可通者，禹尽为之，人也。(《慎人》)

三代所宝莫如因，因则无敌。禹通三江五湖，决伊阙，沟回陆，注之东海，因水之力也。(《贵因》)

禹之决江水也，民聚瓦砾，事已成，功已立，为万世利。(《乐成》)

尧以天下让舜。鲧为诸侯，怒于尧曰："得天之道者为帝，得地之道者为三公。今我得地之道，而不以我为三公。"……舜于是殛之于羽山，副之以吴刀。

禹不敢怨而反事之，官为司空，以通水潦。(《行论》)

舜乃使禹疏三江五湖，辟伊阙，导廛、涧，平通沟陆，流注东海。鸿水漏，九州干，万民皆宁其性。(《淮南子·本经训》)

禹之时，天下大雨，禹令民聚土积薪，择丘陵而处之。……禹遭洪水之患，陂塘之事，故朝死而暮葬。(《齐俗训》)

到司马迁撰《史记》时，才对洪水有条理并系统地说明。卷二《夏本纪》云：

当帝尧之时，鸿水滔天，浩浩怀山襄陵，下民其忧。尧求能治水者，群臣四岳皆曰鲧可。尧曰："鲧为人负命毁族，不可。"四岳曰："等之未有贤于鲧者，愿帝试之。"于是尧听四岳，用鲧治水。九年而水不息，功用不成。于是帝尧乃求人，更得舜。……舜……巡狩。行视鲧之治水无状，……于是舜举鲧之子禹，而使续鲧之业。

禹伤先人父鲧功之不成受诛，乃劳身焦思，居外十三年，过家门不敢入。……陆行乘车，水行乘船，泥行乘橇，山行乘樺。左准绳，右规矩，载四时，以开九州，通九道，陂九泽，度九山。……于是九州攸同，四奥既居，九山刊旅，九川涤原，九泽既陂，四海会同。

《史记》的内容基本上是对前面的文献进行总结，将洪水起源、为患之烈、鲧治水没有成功，禹治水如何成功等等都一一言之。

综上可知，文献的记载虽多出于传说，且存有冲突，但仍可获得几点相同的认识：其一，洪水发生或存在的可能性较大，起源较久远，甚至可以上溯到传说中“女娲补天”的时代。其二，洪水的势头之大，构成的祸患之烈，也有目共睹。其三，洪水在尧、舜、禹时期，危害最严重，所以接二连三出现治水的事迹。其四，洪水问题的最终解决在禹的时候，但治水并不开始于大禹。其五，大禹治水采用了不同的方法，且在有经验的部族的帮助下，不辞辛劳，才最终将洪水危害解决。

其实，远古洪水是一极具普遍意义的传说，在其他民族的典籍中，也不乏各式各样关于洪水的传说。尽管记载有差别，但就时间与空间而言，各民族的上古传说有惊人的相似。在西方《旧约·创世纪》中载有古犹太人的传说：在诺亚生活的时代，人类已经败坏，所以上帝决定以洪水毁灭所有的人，只留下诺亚一家，因为“唯有诺亚在耶和华眼前蒙恩”。神让他造了众所周知的“诺亚方舟”，然后让他将每种动物各取一雌一雄放在方舟里。方舟造好后就开始下雨。雨共下了四十个昼夜，水势极为浩大，淹没了所有的高山，也淹死了其他的人。最后洪水开始下退，神与诺亚立约，以后不再降洪水灭百姓。另外，苏美尔人和巴比伦人类似的传说也流传很广。

国内的学者很早就认识到了这一相似性，“在世界上历史较古的人民里面差不多全有关于洪水的传说”①，“在东半球的希腊、犹太、伊朗、印度、叙利亚、巴比伦等等各民族，以及西半球的印第安人中，也均有关于洪水的传说”②。这种相似性，说明在人类的起步阶段，总会经过某种相同的时期，而在这一时期里，人类不分地区和时区，有某种惊人的巧合，“即使异源，如果他们处于相类似的环境，仍不妨发生相类似以至于相同的神话和传说”③。在中

① 徐旭生：《中国古史的传说时代》，第128、261页，文物出版社，1985年。
② 吕振羽：《史前期中国社会研究》，第196页，三联书店，1983年。
③ 徐旭生：《中国古史的传说时代》，第128页，文物出版社，1985年。

外的这些洪水传说中，有两点颇为相似，即洪水久远且极具毁灭性。另外也有一点区别：其他民族传说中治理洪水多是采取消极的避水，而对大禹来说却是积极的疏导。本节对洪水问题的探讨正是基于洪水传说的世界普遍意义。

（二）洪水性质及治理

远古初民时代究竟有没有一场世界大洪水，对国内的学者而言，一般持肯定意见。“传说中所谓的尧、舜、禹时代，中国曾经过一次很大的水患，这或许是可能的”①。连疑古派的主将顾颉刚也认为洪水传说有其产生的背景或某种现实的依据②。现在由于民族学、人类学、考古学、地质学、天文学的发展，这个问题基本上已达成共识。但关于洪水的性质还有不同的意见，所以在洪水的起因、地望等其他问题上也因之多有争议。

若仅根据古代文献对洪水的记载，要对它的原因和性质做出合理的解释，是有一定难度的。“天下大水”，“天下沉渍”，“四海溟涬”，“洪水滔天”，都是比较含混的说法。最先对洪水做出解释的是神学，之后才有了科学的说

① 吕振羽：《史前期中国社会研究》，第195页，三联书店，1983年。

② 顾颉刚：《古史辨》第一册，上海古籍出版社，1982年。

明。科学家认为在地球的第四纪冰期即大约 12 000 年前，气候转暖，冰河大量融化泛滥，海水不断上升，吞没了出露的大陆架，并发生普遍的大海浸，淹没了许多海岸和部分陆地。当时靠海及靠水的人们损失巨大，被迫向高地迁徙，随之带去了可怕的洪水故事。因此世界上大多数地方都有关于世界大洪水的传说，许多淹没在海水之下的文明遗迹及大海浸的痕迹都成为此说的有力论据。这是过去比较流行且现在还有一定影响的说法。徐旭生曾谈到过这一点，认为大家“觉得当日地球上的气候变暖，冰河消解，泛滥流溢，遂成洪水”①。吕振羽也有过类似的推测：“这大概都是地球最后一次冰河解冻所留下来的传留和印象”②。

对这种早期的认识，有学者推断中国最后一次冰河解冻而成的洪水，不可能会延到传说中的“尧、舜、禹”的时代③，传说中的尧、舜、禹时代的洪水，“或因冰河融解以后的长时间，大量的水还汇积在大陆内未曾流出，又因大量雨水或上游高地水源的增加，造成古代最大的一次水

---

① 徐旭生:《中国古史的传说时代》, 第 128 页, 文物出版社, 1985 年。

② 吕振羽:《史前期中国社会研究》, 第 196 页, 三联书店, 1983 年。

③ 田昌五:《华夏文明》, 第 124—153 页,《中国古代文明与龙山文化》, 北京大学出版社, 1987 年。

灾，而被传为洪水”①。

关于中国史前洪水的性质问题，曾有学者对其争论作了总结和批评。一种意见认为，在尧舜时代，由于靠近水源的地方土地肥沃，所以农耕相对较方便，而已经懂得农耕的古代人类在向近水地区发展的时候，“这就必须不断与水斗争，克服水患，获得水利”。第二种意见基本上是对冰期说的扩展和总结。其三是黄河泛滥说。其四为战争说。大概在夏禹治水的时代，正是北方的华夏族与南方的三苗族及其他南方民族展开激烈争战的时期，所以持续于尧舜禹时代的洪水，是我国南方潮润多雨的气候的表现。三苗居住地在江汉平原，而华夏族的南征，“对于习惯于北方自然环境的华夏征战者来说，南方这种多水的自然环境，便成为可怕的险阻与灾害，从而逐渐敷演出滔天洪水的传说”，这是华夏族征服了三苗等南方居民的“折光反映”②。王克林转叙这些观点后，认为以上论证都不够充分，他认为大禹治水的历史背景应当是：在龙山文化时期，由

① 吕振羽：《史前期中国社会研究》，第189—196页，三联书店，1983年。

② 袁林：《“大禹治水”新解》，《兰州大学·历史论文辑刊》，1983年第1期；转摘田昌五：《华夏文明·中国古代文明与龙山文化》，第124—153页，北京大学出版社，1987年。

于社会的变革，生产大大发展，自然界诸如气候的变迁，人类在与大自然做斗争时，“离开不利于发展生产的狭窄河谷地带，向平原进军，为了生产和生活，掘地穿井，获取新水源的集中表现”①。

此后这一问题讨论又有了新的进展。一种观点认为大禹的疏导，不可能是导江或是导河，仅只是对积水的处理，其治理的方法就如孔子所说“尽力乎沟洫”。既是开挖沟洫，“其起因不过是由于雨水的大量增加，导致这一地区大小河流水势的上涨，同时这里的低洼的地势，又使连绵不断的淫雨造成的积水无法排泄出去，因而它是一场典型的洪涝灾害②。”也有学者认为从现有各种材料看，大禹治水的传说产生地在会稽，所以“从整体上看，鲧禹治水是一个神话传说，其实是海浸淹没东部沿海平原，然后随着海退的过程和越人对自然环境的改造而使平原再度露出水面这一自然人文过程在越族人民头脑中的曲折反映③。”

---

① 田昌五：《华夏文明》，第124—153页，《中国古代文明与龙山文化》，北京大学出版社，1987年版。

② 沈长云：《论禹治洪水真象兼论夏史研究诸问题》，《学术月刊》，1994年6期。

③ 徐建春：《大禹、会稽与夏文化》，《杭州师范学院学报》，2000年2期。

综上可知，关于中国史前洪水的性质的讨论，有颇具代表的几种意见：冰期、气候变化说，洪涝说，战争说，掘井说，退潮说，黄河泛滥说。其中最有影响也最为国内学者接受的是黄河泛滥造成的洪灾（有些洪涝也与黄河泛滥有关）[①]。

黄河是我国北方的重要河流，它发源于青海省境内，干流流经青海、四川、甘肃、宁夏、内蒙古、陕西、山西、河南、山东等几个省区。我们习惯将它分为上、中、下三段。徐旭生认为，上、中段有“高山或黄土原紧束”，地势比较平缓，水流也不急，加上没有多少支流汇入，所以不仅不能成大患，“善为引导”反而会大大有利。而当水流到河南东部，水势因为进入平原而湍急，加以“它从此走到广漠的平原上面，毫无拘束：转而北行，迁徙无常，才成了大患”。所以历代大的水患几乎都在这一带。而且他还考证了“洪水（共水）”一词原为“专有名词”，而非现在所说意义上的“洪水”，它从“共水”向“洪水”转化的过程，也就是黄河为患的过程在人们头脑中的反映过程。黄河在上游是不可能为患的，当它在向东前进，流

① 马宗申：《关于我国古代洪水和大禹治水的探讨》，《农业考古》，1982年2期。

入平原后，纳入了“共水”，才由于水量的增加而构成水患，因为当时的人地理概念不清，所以才误认为是“共水”的原因而酿成大祸。所以传说就成为真实的了①。有学者对徐旭生的看法作了补充和纠正，但也认为所谓的“洪水横流”，相当于“黄河泛滥”之意；而当时“泛滥于天下”的天下也就相当于唐虞所辖的大部分地方，即相当于今天的“黄泛区”。所以对于尧舜时严重的洪水认为“就是连年的山洪暴发所造成的灾害而已”②。尽管这样，但仍是“黄河洪水泛滥，危害人类，人类终于制服了洪水的历史事实传说中的反映③。”

至于这场洪水发生的时间，由于难以根据文献做出正确结论，现代学者趋向依靠考古资料来解决这一问题。如袁广阔即从黄河中下游地区目前已探知的龙山文化遗址着手分析，认为这一文化早期没有“发现大的文化断层”，而到了龙山文化晚期至二里头文化时期，某些地区的“龙山文化突然中断”，与此同时，还“发现洪水冲毁城墙的现

① 徐旭生：《中国古史的传说时代》，第136—137页，文物出版社，1985年。

② 刘惠孙：《洪水问题真相的探索——洪水就是山洪暴发》，《历史教学》，1983年2期。

③ 田昌五：《华夏文明》，第124—153页，《中国古代文明与龙山文化》，北京大学出版社，1987年。

象”，某些“成组的龙山城址也随之消失”。“龙山文化在继王城岗四期之后，发展成王城岗五期文化，进而形成新寨期二里头文化”①。显然洪水在这一时期发生过。也有学者将这一时间提前到良渚文化时期②。在此之前徐旭生根据文献曾推断：“我国洪水发生的时间相当明确，大约不出公元前第三千年的后期”③。这一推测与上述考古资料所显示时代有相合之处，也恰好与我国的传说中的尧舜禹时期大致相当。

不过，尽管同意这场洪水是黄河为害的结果，但仍有学者对于洪水发生的具体原因及具体河段，提出了自己的看法。钱耀鹏即认为这是黄河下游改道造成的危害，“尧舜禹时期下游黄河改道，洪水泛滥也给中原地区居民带来了巨大的灾难和威胁”④。关于黄河是否改道与改过几次道，谭其骧认为在战国筑堤以前，黄河改道是比较平常的事，这是因为在此之前，每遇黄河下游的汛期，因为没有堤防，加上堆积，河床增高，每隔一段时间，改道是必然

① 袁广阔：《从古文献与考古资料看夏文化的起始年代》，《河南大学学报》2000年第1期。

② 张明华：《良渚文化突然消亡的原因是洪水泛滥》，《江汉考古》，1998年第1期。

③ 徐旭生：《中国古史的传说时代》，第128—129页，文物出版社，1985年。

④ 钱耀鹏：《尧舜禅让故事与中原社会政治的演进》，《中州学刊》，2000年第3期。

的事，所以没能在这里发现考古文化遗址，这也就是“春秋以前这一带（河北平原中部）一直是地图上的一大片空白之故”[①]。对“改道”说也有反对意见，他们在考察仰韶、龙山时期我国黄河流域的古气候、雨量等自然情况变化后，认为如果情况真是如前所说，那也只是人类由易于遭受水患的河谷地带向开阔平原发展，另求水源的积极活动。从古史传说看，当时的大禹治水的工程是比较大的，而在那时的情况显然不能让禹完成如此巨大任务[②]。但这一认识忽略了一个问题，“殊不知在没有堤防、坝堰、圩围的远古时代，洪水的表现形式亦往往与后世不同”，“天下未经平治时，江河壅塞、百川无防、薮泽无障。地势高下不平而沟洫未治，每遇秋水暴发，常易造成洪水横流现象”。“未经过治理的天然河流，河道的深浅、广狭均不一致，每遇洪水，即向河流两岸‘左右流坡’，形成许多天然的散洪区”，这时还可能造成洪水的倒流，而无法排出的洪水往往形成“大小不等的渊薮、陂池和在天然河流两

① 谭其骧:《长水集》下，第61页，人民出版社，1987年。

② 田昌五:《华夏文明》，第124—153页，《中国古代文明与龙山文化》，北京大学出版社，1987年；沈长云:《论禹治洪水真象兼论夏史研究诸问题》，《学术月刊》，1994年第6期。

岸形成大面积的积木和沮洳”。但马宗申对洪水只发生在黄河下游的认识表示存疑①。

黄河泛滥的下游说者还坚持认为，在黄河的上游地段，河水是流经于峡谷中，所以不可能有洪水的外溢。根据谭其骧的结论，“黄河下游一直是取道河北平原注入渤海的”，至少在汉以前是如此②。又据徐旭生的论述，洪水大致发生及大禹施工的地域，主要是在兖州，豫州东部及徐州也有一点小的施工。“兖州当今日山东西部及河北东部的大平原，豫、徐平原当今日河南东部、山东南部及江苏、安徽的淮北部分”。也就是说洪水的危害区主要在黄河下游及其一部分流域③。沈长云在考证大禹的阳城即濮阳时也间接认为，鲧、禹部落所居住的地方，应该在洪水侵袭的范围之内，“实际上，古代洪水最易发生的地区只有一个，那就是古河济之间的兖州”。他还从地理位置、文化繁华程度以及古代文献三个方面着手，认为尧、舜、禹时期的洪水与秦汉以后的黄河泛滥在地域上是一致的④。现在我们知道黄河中下

---

① 马宗申：《关于我国古代洪水和大禹治水的探讨》，《农业考古》，1982年第2期。

② 谭其骧：《长水集》下，第83页，人民出版社，1987年。

③ 徐旭生：《中国古史的传说时代》，第139—140页，文物出版社，1985年。

④ 沈长云：《禹都阳城即濮阳说》，《中国史研究》，1997年第2期。

游落差大，而且由于河谷加宽，汾河、渭河、洛河、泾河等主要的支流加入，使水量急增，极易构成水患。考古资料就证明除了豫西有些地区地势较高外，“豫东、冀南及整个山东半岛地区龙山文化突然中断”，“辉县孟庄龙山城址发现洪水冲毁城墙的现象，鲁西地区成组的龙山城址也随之消失”。而上述地区恰好是文献记载洪水发生与淹没的地区①。有学者认为良渚文化的消亡是因为洪水②。而良渚文化所在的地区显然与前面的论说相一致。但是仍有学者对此存疑：“从历史地理学和生态学的角度看，当时黄河中下游地区不可能发生如此大一场持续多年的特大洪灾③”。

此外，学者对治水者及其方法也做了一些总结。例如，对于大禹的治水，吕振羽认为这一疏治的工作，远非一个神化的禹所能完成的，所以“当时即使有一个专主其事去治水的‘禹’其人，也不过是一个治水的普通酋长，为首和他们共同参加治水的工作”④。这一结论与后来的古

① 袁广阔：《从古文献与考古资料看夏文化的起始年代》，《河南大学学报》，2000 年第 1 期。

② 张明华：《良渚文化突然消亡的原因是洪水泛滥》，《江汉考古》，1998 年第 1 期。

③ 徐建春：《大禹、会稽与夏文化》，《杭州师范学院学报》，2000 年第 2 期。

④ 吕振羽：《史前期中国社会研究》，第 189—196 页，三联书店，1983 年。

史辨派很相近。“作为历史人物的禹，可理解为夏族部落一杰出的首领，或被神化为宗神；或以其威望作为本族原有宗神的化身出现，承用了宗神的名字”①。对于治水方法，有学者认为鲧既不用堵，禹也不懂得疏导，二人采用的是一样的方法，即“湮（堙、陻）”，也即“填洪水”，所以在早期的传说中，二人的功劳是相提并论的。治水的方法有一个发展过程，堙到堙疏并用，再到疏，最后才知壅疏并用。二人出现不同结果是政治的原因②。也有学者提出“陻”和“导”为相辅相成的两种治水方法，有“陻”则有“导”，二者缺一不可，所以鲧“堙”的方法是对的。“以黄河为例，今天治理黄河的主要方法仍然是一个‘堙’字，今郑州以下的黄河大堤，高高在上，黄河成为一条‘悬河’，就是堙的结果”③。所以鲧死因并不是因治水无功而被处死的，而是在权力斗争中失败而被定刑的④。徐旭生认为从文献本身看不出鲧治水不成功的原因，但可以确定

① 刘起釪：《古史续辨》，第131页，中国社会科学出版社，1991年。

② 孙致中：《论鲧禹治水的功过及其不同遭遇的原因》，《齐鲁学刊》，1982年第3期。

③ 徐建春：《大禹、会稽与夏文化》，《杭州师范学院学报》，2000年第2期。

④ 于志祺：《鲧治水功过辨》，《江淮论坛》，1981年第1期；范史：《鲧的死因并非治水》，《文汇报》，1984年10月15日；仓林忠：《关于尧舜殛鲧千古隐秘的探析》，《中南民族学院学报》1997年第1期。

是继承了共工氏的方法，其方法只是历年加高，可不管他如何努力，只能是徒劳无功。虽然二人治水失败，但就本家族而言，积累了大量的治水经验，所以其后人继续这一工作。大禹和共工的后人四岳认识到“必须大规模疏导，使水畅流”，“大禹也是顺着河水下游自然散漫的形势加以疏导，使它不致壅塞，并不是创始穿凿以杀水势”①。

综上可知，洪水的传说是一极具普遍意义的神话传说，正是因为这一普遍性的意义从而说明了洪水的真实性。虽然关于中国史前洪水的性质仍存在不同的说法，且不管这场洪水为害的具体形式如何，它终究在传说时代已被解决。“大禹治水这一古老传说，标志着原始社会中先民开始‘降丘宅土’和农业的初步发展，同时也标志着我国水利事业和农田水利的创始”②。

（罗先文）

① 徐旭生：《中国古史的传说时代》，第128—140页，文物出版社，1985年。

② 马宗申：《关于我国古代洪水和大禹治水的探讨》，《农业考古》，1982年第2期。

四　大同之世的终结

（一）所谓“大同”与“小康”

世人早已耳熟能详的“大同”、“小康”之说，最早见于儒家文献《礼记·礼运》。该篇说：“昔者仲尼与于蜡宾，事毕，出游于观之上，喟然而叹。仲尼之叹，盖叹鲁也。言偃在侧，曰：‘君子何叹？’孔子曰：‘大道之行也，与三代之英，丘未之逮也，而有志焉。大道之行也，天下为公，选贤与能，讲信修睦。故人不独亲其亲，不独子其子，使老有所终，壮有所用，幼有所长，矜寡、孤独、废疾者，皆有所养。男有分，女有归。货，恶其弃于地也，不必藏于己。力，恶其不出于身也，不必为己。是故谋闭而不兴，盗窃乱贼而不作，故户外而不闭，是谓‘大同’。今大道既隐，天下为家，各亲其亲，各子其子，货力为己。大人世及以为礼，城郭沟池以为固，礼义以为纪，以正君臣，以笃父子，以睦兄弟，以和夫妇，以设制度，以立田里，以贤勇知，以功为己。故谋用是作，而兵由此起。禹、汤、文、武、成王、周公，由此其选也。此六君子者，未有不谨于礼者也，以著其义，以考其信，著有过，刑仁讲让，示民有常。如有不由此者，在执（势）者去，众以为殃，是谓‘小康’。”(《孔子家语·礼运》所载，与此大同小异。)

所谓“大同”之同，按照汉儒郑玄的诠释，其义为“和、平”；而“小康”之康，其义为“安”(《礼记正义》卷二十一)。这是前人的训诂，并且仅仅局限于字面含义。那么，我们现在该如何解释呢?

由以上一段记载可以看出，儒家认同的“大同”之世实际上相当于“前国家”阶段，而“小康”之世实际上相当于“国家”阶段。二者具有以下几个特点:(1)“大同”之世指的是夏、商、周三代之前的一段历史，即“五帝”时代；而“小康”之世具体指的是“三代”时期。(2)“大同”之世最为显著的特点是“天下为公”，即当时没有出现财产私有的观念，自然也就没有私有制，尚处于公有制的阶段；而“小康”之世则已经出现了私有制，是“天下为家”。(3)在“大同”之世，社会并非处于无序状态，相反却显得井井有条，当时社会运作的手段是“选贤与能，讲信修睦”；而“小康”之世虽然说社会也并非处于混乱状态，但保障社会处于有序化的手段是外在的硬性的礼义制度。(4)“大同”之世充满了浓郁的和谐的人情味，大家互敬互爱，互相支持帮助，男女安分守己，这一切完全出于内在的自觉，无须外力的强迫；相反，“小康”之世的人们则自私自利，人人自危，所以谋用战争由此兴起。(5)由“大同”变而为“小康”，与权力的移交方式有关。“大同”之世恪守的是“禅让”的传统，而“小康”之世实行的是“世袭”的制度。这也就是《韩氏易传》(《汉书·盖宽饶传》引)所说的“五帝官天下，三王家天下；家以传子，官以传贤”，而《孟子·万章上》所云“唐虞禅，夏后殷周继”，与此约略近之。

正因为如此，研究者便认为，“大同”之世一般指的是“五帝”以前的时代，当时没有私有制、没有阶级、没有国家；而“小康”之世指的则为“三代”，当时已经产生了私有制，产生了阶级，形成了国家。进而言之，“大同”与“小康”分别指代的是原始社会和奴隶社会两个社会经济形态①。

① 金景芳:《中国奴隶社会史》，第21页，上海人民出版社，1983年。

在《论语·卫灵公》中，孔子谈到“无为而治”。“子曰：‘无为而治者，其舜也与？夫何为哉？恭己正南面而已矣。’”达到“大同”社会，就是儒家“无为而治”的理想境界。这是儒家一直孜孜以求、努力奋斗的理想社会，但真正要达到这一目的地，又谈何容易；所以，更现实一点的目标是“小康”社会。其中的“选贤与能”，即何晏所云“言任官得其人”①、朱熹所云“得人以任众职”②。虽然以《礼运》为代表的“大同”、“小康”思想不一定就是孔子的政治理想（研究者或以为出于战国儒家③），但其“选贤与能”的论旨却与孔子思想相符契。“仲弓为季氏宰，问政。子曰：先有司，赦小过，举贤才”(《论语·子路》)。匡亚明认为，《礼运》虽非孔子所作，但其中的“大同”理想与孔子“仁”的思想的确有内在联系④。其说可参。

① 《论语注疏》卷十五，《十三经注疏》下册，第2517页，中华书局，1980年。

② 朱熹：《论语集注》，《四书集注》，第236页，岳麓书社，1987年。

③ 元人陈澔认为，《礼运》“疑出于子游门人之所记，间有格言。而篇首大同小康之说，则非夫子之言也”(《礼记集说》，中国书店，1994年，第184页)。郭沫若则认为，《礼运》“毫无疑问，是子游氏之儒的主要经典”，“那不必一定是子游所记录，就在传授中著诸竹帛也一定是经过了润色附益的”(郭沫若：《十批判书·儒家八派的批判》，《郭沫若全集》历史编第二卷，人民出版社，1982年，第135页)。

④ 匡亚明：《孔子评传》，第16、198、224—225、245—247页，南京大学出版社，1990年。

（二）先秦诸子论国家

国家问题，是学术界讨论的一个大问题。关注国家问题，非但近现代人如此，古人对此也颇为关心，并且有过一些质朴的认识。

1. 道家的“小国寡民”

《老子》认为，国家建立于原始自然状态被破坏之后，是人类堕落的结果。“朴散则为器。圣人用之，则为官长”（第二十八章）。所以提倡“反本复初”，所构拟的理想社会是“小国寡民”。《老子》第八十章说：“小国寡民：使民有什伯之器而不用，使民重死而不远徙；虽有舟舆，无所乘之，虽有甲兵，无所陈之，使复结绳而用之；甘其食，美其服，安其居，乐其俗；邻国相望，鸡犬之声相闻，民至老死不相往来。”《老子》强调“知古始”（第十四章），但最后复古倒退回“小国寡民”，这当是道家“自然无为”的极致，也是道家认为最为理想的社会形态。《史记·货殖列传》的引文与此略有不同：“《老子》曰：‘至治之极，邻国相望，鸡犬之声相闻，民各甘其食，美其服，安其俗，乐其业，至老死不相往来。’”其中的“至治之极”四字，颇可引人注意。

在《抱朴子·诘鲍》中，道家人物葛洪构拟和描述的两个社会阶段，与《礼记·礼运》极为相似。“曩古之世，无君无臣，穿井而饮，耕田而食；日出而作，日入而息。泛然不系，恢尔自得；不竞不营，无荣无辱。山无蹊径，泽无舟梁。川谷不通，则不相并兼；士众不聚，则不相攻伐。……势利不萌，祸乱不作。干戈不用，城池不设。万物玄同，相忘于道”，这是一个相当于“大同”之世的阶段，其实也就是“小国寡民”时期。但这一阶段随后便被取代，出现了私有制、阶级分化、国家机器，“降及杪季，智用巧生，道德既衰，尊卑有序。……尚贤则民争名，贵货则盗贼起。见可欲，则真[①]正之心乱；势利陈，则劫夺之涂（途）开。……君臣既立，众慝日滋。……闲之以礼度，整之以刑罚”。

如果比附儒家思想，可以说，道家也有“大同”思想，也有朴素的“原始共产主义”思想，只是表述的话语和方式与儒家有所不同罢了。

2. 墨家的国家有用论

墨家的国家学说，与其一贯主张的“尚贤”、“尚同”

① 杨明照云，“真”当作“贞”，始合文意，《抱朴子外篇校笺》（下），第506页，北京：中华书局，1997年。其说可从。

说密切相关。墨子认为，“古者民始生，未有刑政之时，盖其语，人异义”，各人有各人的意见，彼此“交相非”，造成“天下之乱，若禽兽然”。为了制止这种混乱与祸害，于是“选天下之贤可者，立以为天子（以及三公）”，天子决是非，“唯能壹同天下之义，是以天下治也”(《墨子·尚同上》，以下只注篇名）。这样，国家便产生了。另外，作为后期墨家著作的《经上》有“君、臣、萌通约也”数语。梁启超在《墨经校释》中对此加以发挥，认为先秦时期的墨家就已经有“社会契约论”（social contract）的思想，“言国家之起源，由于人民相约置，君乃命臣。与西方近世民约论（按：今译社会契约论）颇相类”。郭沫若对此大加驳斥，因为“立正（政）长”的不是“民”，而是“天”(《尚同中》)，是“上帝鬼神”、“天鬼”(《尚同中》)，是“天意”所然（《天志上》)。总之，墨子没有卢梭的民约论①。郭说有理。其实，天（帝）立君以利民的思想，早在墨子之前即已有之。《左传》说，“天生民而树之君，以利之也”（文

① 郭沫若对梁说的驳斥至少有两次：一次是1923年，撰《读梁任公“墨子新社会之组织法”》；一次是1943年，撰《墨子的思想》。前文收入《郭沫若全集》历史编第三卷《史学论集》，后文收入历史编第一卷《青铜时代》（人民出版社，1982年，第467—469页）。另外，驳斥梁说的还有谭戒甫，大意同郭说（《墨经分类译注》，中华书局，1981年，第166—167页）。

公十三年)，“天生民而立之君，使司牧之，勿使失性”(襄公十四年)。

墨家又认为，“尚贤”是“为政之本”、“政事之本”，“古者王公大人为政于国家者，皆欲国家之富，人民之众，刑政之治”，“故大人之务，将在于众贤而已”，历代圣王尧、舜、禹、汤、文、武，所恪行的就是“尚贤”之道(《墨子·尚贤》)。

3. 儒家的国家人性论

孟子之世，杨子与墨子之言盈天下，所以孟子以辟杨、墨之论为己任。孟子崇尚的是以尧舜(以及禹汤文武)为代表的“先王之道”，他“言必称尧舜”(《孟子·滕文公上》)，“非尧舜之道不敢以陈”(《孟子·公孙丑下》)。孟子从人性论的角度(性善论)论述国家，“人之有道也，饱食、暖衣、逸居而无教，则近于禽兽。圣人有忧之，使契为司徒，教以人伦；父子有亲，君臣有义，夫妇有别，长幼有序，朋友有信”(《孟子·滕文公上》)。这意思就是说，人之所以异于禽兽，在于有人伦以及建立在人伦基础之上的道德原则，即所谓“仁政”。冯友兰对此有过分析，“国家和社会起源于人伦，照墨家说，国家的存在是因为它有用；照儒家说，国家的存在是因为它应当存在”[1]。

4. 其他

荀子关于国家的思想，与孟子大有区别，而与《商君书》相近。《商君书·开塞》认为，历史发展到一定阶段后，便出现了混乱，于是“圣人”出，“作为土地、货财、男女之分”。“分定而无制，不可，故立禁；禁立而莫之司，不可，故立官；官设而莫一，不可，故立君”。显然，国家的产生也是为了克制混乱，君制定了名分、法律、禁令，而官是其执行者；有君长、百官和制度，国家才能井然有序。

荀子关于“分”的思想，与《商君书》是相一致的。荀子认为，人之所以区别于动物，是因为人能“群”(《荀子·王制》)，使人“群”而井然有序的是“分”和“礼”，“故人道莫不有辨，辨莫大于分，分莫大于礼”(《荀子·非相》)。荀子的这一思想，可以概括为“明分使群”(《荀子·富国》)。而“分”和“礼”之所以需要，也是为了克制混乱。“人生而有欲，欲而不得，则不能无求，求而无度量分界，则不能不争。争则乱，乱则穷。先王恶其

---

① 冯友兰:《中国哲学简史》，第64页，北京大学出版社，1996年第二版。

乱也，故制礼义以分之，以养人之欲，给人之求”(《荀子·礼论》)。

作为战国时代最后一个道家的鹖冠子，他在《鹖冠子·王铁篇》中也谈到过“大同之制”：“泰一者，执大同之制，调泰鸿之气，正神明之位也”，以实现“畴合四海，以为一家”的理想。但与《老子》不同的是，鹖冠子特别强调道德法令、选贤任能以及用兵之道，较老子的“无为而治”、“小国寡民”的理想显然更为进步[①]。

（三）国家的诞生

关于国家的诞生问题，马克思主义和历史学、人类学、考古学、政治学、社会学等曾经做过大量探索。以前国内的研究者多沿袭摩尔根《古代社会》和恩格斯《家庭、私有制和国家的起源》的说法，认为原始社会实行的是军事民主制，而通往“国家”的道路只有一条“部落联盟模式”。1995 年，谢维扬推出了《中国早期国家》一书（浙江人民出版社出版）。该书力主“酋邦模式”，提出了研究中国“早期国家”(early state）问题的新思路，在学术

① 杨宽:《战国史》(增订本)，上海人民出版社，1998年，第527—531页。

界影响颇大。

本节不打算全面讨论“早期国家”问题，只想结合“大同”议题，就“五帝”、夏朝“易代”之际的权力移交问题略作讨论。

一般认为，“五帝”指的是黄帝、颛顼、帝喾、尧、舜（《世本》、《大戴礼记·五帝德》、《史记·五帝本纪》），当时中国正处于原始社会的末期，正在由原始社会向阶级社会过渡，但实行的仍然是军事民主制。有人结合史籍中的黄帝事迹，认为黄帝时期已有战争、征伐等社会现象，说明当时已出现了私有制①。但私有制的出现尚不足以说明“国家”的产生。“五帝”时代的中国，仍处于“前国家”阶段（或可称之为“酋邦”），当时仍属于“大同”之世，恪守的仍是“禅让”的传统，仍属于传世文献所称的“公天下”的范畴。夏启代禹之后，权力的移交遂由“禅让”一变而为“世袭”，“大同”废而“小康”兴，中国于是进入“家天下”的范畴。

关于启是如何取得政权的，中国古籍有两种截然不同的说法。第一种说法认为，启是通过和平的“禅让”方式

---

① 吴汝祚：《吴县文化初论》，《中国史研究》，1979 年第 2 期。

取得政权的，以《孟子》和《史记》为代表。《孟子·万章上》说："禹荐益于天，七年，禹崩，三年之丧毕，益避禹之子于箕山之阴。朝觐、讼狱者不之益而之启，曰：'吾君之子也。'讴歌者不讴歌益而讴歌启，曰：'吾君之子也。'"《史记·夏本纪》说："帝禹东巡狩，至于会稽而崩，以天下授益。三年之丧毕，益让帝禹之子启，而辟居箕山之阳。禹子启贤，天下属意焉。及禹崩，虽授益，益之佐禹日浅，天下未洽。故诸侯皆去益而朝启，曰：'吾君帝禹之子也。'于是启遂即天子之位，是为夏后帝启。"第二种说法则认为，启是用暴力的"篡夺"方式取得政权的，以《古本竹书纪年》《韩非子》《战国策》为代表。《晋书·束皙传》引《竹书纪年》说："益干启位，启杀之。"《韩非子·外储说右下》说："古者禹死，将传天下于益，启之人因相与攻益而立启。"《战国策·燕策一》说："禹授益，而以启人为吏。及老，而以启为不足任天下，传之益也。启与支党攻益而夺之天下。"第三种说法以荀子为代表，与前两说均有所不同。荀子反对"尧舜擅让"，并且连"死而擅之"、"老衰而擅"之说都反对，斥之为"虚言"，是"浅者之传、陋者之说"。在荀子看来，有天下者必是圣德之人，他们“道德纯备，智慧甚明，南面而听天下，生民之属莫不振动从服以化顺之”；因此，圣德之人代有天下，或在嗣子，或在三公，大可不必为此徒费口舌（《荀子·正论》）。

田昌五认为，虽然后二说也有自己的问题，但比“禅让”说更接近历史实际①。其说大致可信。关于前两种说法，金景芳有过深入的辨析②。他认为，按照当时的“传统”，从产生最高首领的制度看，民主方式是合法的，世袭是非法的。事实上不是益干启位，而是启干益位。因为位是属于益的，益位是经过禹的推荐而取得的，怎么能说是“益干启位”呢？马克思早说过：“世袭继承制在凡是最初出现的地方，都是暴力（篡夺）的结果，而不是人民的自由许可③。”也就是说，启是用暴力夺取政权的，变选举为世袭，变“公天下”为“私天下”。再联系“有扈氏不服，启伐之，大战于甘”（《史记·夏本纪》），知道启又以暴力手段维护自己的统治；而“国家的本质特征，是和

---

① 田昌五：《关于尧舜禹的传说和中国文明的起源》，《中国文化与中国哲学》，第48页，东方出版社，1986年。

② 金景芳：《中国奴隶社会史》，第22—25页，上海人民出版社，1983年。

③ 马克思：《摩尔根〈古代社会〉一书摘要》，第123页，人民出版社，1965年。

人民大众分离的公共权力”①。所以，启的夺取政权是质变，是野蛮与文明、部落制度与国家的分界。

（汪　奎）

① 恩格斯:《家庭、私有制和国家的产生》,《马克思恩格斯全集》第二十一卷, 第 135 页。